伝承農法を活かす家庭菜園の科学

自然のしくみを利用した栽培術

木嶋利男　著

ブルーバックス

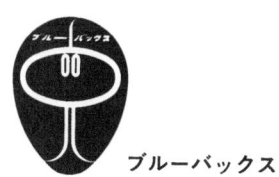

カバー装幀／芦澤泰偉・児崎雅淑
カバーイラスト／勝部浩明
本文図版／さくら工芸社
目次、見出しデザイン／中山康子

はじめに

遠い昔、人類はその土地に自生していた植物を栽培しはじめ、その後、栽培や収穫を行いやすくするために選抜・改良を繰り返していきました。そして、人間の移動に伴って、農作物は世界各地に分散していきました。

しかし、農作物が生育するためには、原産地の土壌や気象条件が必要です。そのため、当初、原産地以外では、病害虫の発生や生育不良などで生産は不安定であったと考えられます。これを解決する手段として、肥料、農薬、生産資材が次々と開発され、場所や時期を選ぶことなく生産は安定して、収量は増加しました。

技術開発によってもたらされた栽培方法は、世界中で生産された食料を、いつでもどこでも手に入れることを可能にし、食料供給は安定しました。しかし、食料の安定供給は、生きるための糧を楽しむための糧へ、豊食を飽食へと変貌させました。さらに、食料生産国と消費国の二極化をもたらし、消費国においては、身近で生産されていない食料に不信感を抱く消費者が増えてきました。消費者の意識は、これまでの安定供給から、安全性や安心感を望むように変化してきているのです。

これが、家庭菜園が急激に普及拡大してきた理由でしょう。このため、家庭菜園では安心感が求められ、化学肥料と農薬を極力少なくして栽培しようと試みられています。しかし、現代の農業技術は化学肥料と農薬があることを前提に作られているため、そのまま家庭菜園に適用することは難しいといえます。

いっぽう、古くから伝わる伝承農法では、化学肥料や農薬は用いられず、自然の仕組みが上手に活用されています。伝承農法は非科学的と考えられてきましたが、最近になって、一部が科学的に解明されるようにもなりました。これらは家庭菜園にも利用できる技術です。

本書では、伝承農法について科学的に解説しながら、畑の耕し方、土作り、混植、病害虫の防除、種採りまで、家庭菜園で必要と思われる栽培技術を網羅しました。特に、コンパニオンプランツ（共栄作物）の利用は、異種の植物が同じ畑に栽培されるため、生物の多様性を維持するうえでも大切な技術なので、ぜひ活用してほしいと思います。

内容は、10㎡程度の市民農園でも適用できるものを中心としていますが、やや大規模な農園で活用されている技術も紹介しています。なかにはプロ向けの技術もありますが、うまく応用すれば小さな菜園でも効果を発揮します。ご自分の菜園の広さや状況に合わせて利用してみて下さい。

本書は、講談社ブルーバックス出版部の中谷淳史さんをはじめ、多くの方々のご助言や協力で出版することができました。心より感謝申しあげます。この本が、家庭菜園のお役に立てれば幸いです。

木嶋利男

目次

はじめに 5

第1章 家庭菜園とは何か 17

1－1 家庭菜園の野菜 18
定番野菜とブームの野菜／種苗の問題点／不安定な栽培

1－2 誤解の多い家庭菜園 22
農薬の使用基準が守られているか／肥料過多になっていないか

1－3 家庭菜園のメリット、デメリット 25
数多いメリット／デメリットにも目を向ける

第2章 家庭菜園を知るための農法 29

2－1 農法を理解する 30
なぜ過去の農法に目を向けるのか

2－2 自然の仕組みを活用する「自然農法」 31
岡田茂吉／福岡正信／川口由一／三氏の共通点と相違点

2−3 化学肥料に頼らない「有機農法」 34
自然を観察し、規範とする
2−4 農家の経験が活かされた「伝承農法」 38
伝統野菜などに残る／残雪の形で種まき時期を知る／科学的に解明されたものも／雑草を抑える方法
2−5 病害虫に強い農法 43
生態系を重視

第3章 野菜作りの基本 45

3−1 野菜の分類 46
8つの科の特徴
3−2 野菜の原産地が生育条件を決める 50
トマトは南米、ナスはインド／地中海型野菜／湿潤熱帯型野菜／乾燥熱帯型野菜／数少ない日本原産の野菜
3−3 旬と適期 55
旬の野菜／適期栽培
3−4 さまざまな栽培法 56
キャベツは集団を好み、ハクサイは孤立を好む／ダイコンは3〜5粒を1穴にまく／苗七分作の意味するところ

第4章　作物栄養の基礎知識　63

4－1　土作りの基本　64
理想は30対40対30／土壌の立体構造を作る／地力と地力窒素／春耕起、秋耕起は雑草を見て決める／落ち葉をそのまま畑に施用するには／有機質肥料の施用方法／水分管理は、野菜によって異なる／土作りは、野菜の種類や栽培地域によって変える
4－2　土壌微生物の大きな役割　80
分解菌、共生菌、病原菌、その他の微生物／分解菌／菌根菌／窒素固定菌／根圏微生物／土壌動物
4－3　育苗床の土作り　91
家庭菜園向けの播種床・育苗床／低温時の育苗技術（踏み込み温床）
4－4　菜園内で物質循環を活性化させる　94
緑肥を栽培する
4－5　家庭菜園のための土壌診断　96
5つの診断方法

第5章　病害虫から作物を保護する　99

5－1　病害虫はどうして発生するか　100
自然界の病害虫制御システムを活用
5－2　害虫・益虫・ただの虫　102
すべてが害虫ではない／土着天敵
5－3　病原菌と、それを抑える拮抗微生物　105
病原菌の性質と防除法／病原菌を抑える拮抗微生物
5－4　草と共栄する栽培方法　110
叢生栽培／共栄作物（共栄植物）
5－5　動物を防除する方法　112
イノシシには電気柵
5－6　実際に用いられている作物保護技術　113
連作（発病衰退現象）／輪作／ウリ類、ナス科の「接ぎ木栽培」／アブラナ科のおとり作物／対抗植物によるセンチュウの防除／コーヒー滓とソバガラ堆肥、コメヌカを用いたセンチュウ防除／改良資材で土壌病害防除／サンゴでアブラナ科の根こぶ病防除／自然農薬・生物農薬／組織内共生微生物を用いた防除

5−7 雑草を防除する技術 131
収穫後の畑にヘアリーベッチをまく／ソバガラ、コーヒー滓を散布する／雑草の病原菌をまく／夏草・冬草を利用する
5−8 抵抗性品種と耐病・耐虫性品種 136
抗生物質と同じ

第6章 コンパニオンプランツ 139

6−1 コンパニオンプランツの考え方 140
長ネギでイチゴの萎黄病を防除
6−2 混植・間作・輪作 143
混植／間作／輪作
6−3 バンカープランツを利用した障壁・縁取り 148
畑の周辺に植える
6−4 科学的に解明されているコンパニオンプランツ 151
長ネギとユウガオの混植／トウモロコシとハッショウマメ／アブラナ科とレタスで害虫防除／マメ科の混植・間作・輪作／ヒガンバナ、スイセンでネズミ、モグラが忌避／オオバコ、クローバーでウリ類うどんこ病防除
6−5 避けたい組み合わせ 163
アブラナ科はジャガイモの生育を抑える

第7章　植物の生理・生態を利用した栽培技術　165

7－1　植物の生存戦略を利用した栽培技術　166
開花しないと大玉ラッキョウになる／インゲンマメの若採り／イチゴの花芽分化／ナバナの若採り／ジャガイモの逆さ植え／キャベツの原産地と栽植密度／サツマイモの2つの植え方／タマネギの密植
7－2　植物のストレスを利用した病害虫防除　183
胚軸切断挿し木法／ヒートショック／トマトの連続摘心／レタスやトマトの雨除け栽培
7－3　作物に合わせた敷き料と畝　195
敷きワラ・敷き草は、薄く用いる／キャベツ・ナスは高畝、ゴボウは深耕
7－4　耐陰性と光要求性　197
ショウガは直射日光を嫌う
7－5　遺伝的多様性を維持する　199
F1品種と固定種

第8章　上手な家庭菜園　203

8－1 畑の準備　204
土壌の立体構造を心がける
8－2 家庭菜園の設計　206
多品目栽培の基本は、立体的に長期間で
8－3 有機質肥料の種類と施用方法　210
深い位置、土壌全体に
8－4 土壌改良材の使い方　212
カニガラ、ワラ、炭
8－5 種まきと苗　214
マメは集団、カボチャは点播／苗の選び方
8－6 活着を良くする定植方法　216
夏野菜の定植／秋野菜の定植
8－7 上手な栽培管理　219
間引き／土寄せ／灌水／誘引／摘心／剪定
8－8 収穫後の保存　222
夏、秋野菜の保温と保存／冷蔵庫での温度調節／湿気を好む野菜、乾燥を好む野菜／光をあてる野菜、遮光する野菜／保存に向かない野菜／保存したほうがおいしくなる野菜

8－9 自家採種を始めよう 228
採種と育種は異なる／トマトの採種／ピーマンの採種／ナスの採種／ダイコンの採種／ニンジンの採種／長ネギの採種／タマネギの採種／キュウリの採種／カボチャの採種／カキナの採種／ニラの採種

終章 未来への展望 241
地産・地消／継続するための家庭菜園

参考・引用文献 249
さくいん 261

第1章
家庭菜園とは何か

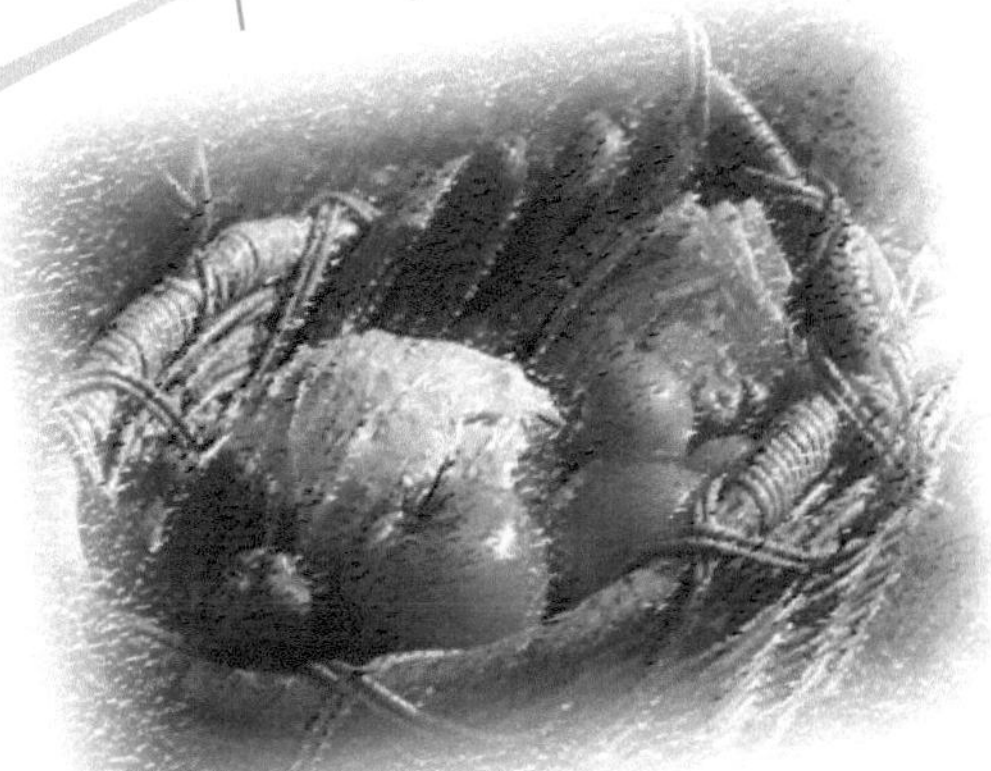

1－1　家庭菜園の野菜

定番野菜とブームの野菜

家庭菜園でよく栽培される野菜類は、調理に利用されることが多いものか、誰にでも簡単に作れるものが多くなります。定番野菜類として、果菜類はトマト、キュウリ、ナス、ピーマン、シシトウ、ダイズ、インゲンマメ、トウモロコシ、根菜類はジャガイモ、サツマイモ、サトイモ、ダイコン、ニンジン、葉菜類はハクサイ、キャベツ、ホウレンソウ、コマツナ、ネギ、タマネギ等が主に栽培されます。定番以外の野菜は流行に左右され、時代とともに大きく変わります。最近は健康ブームからゴーヤー（ニガウリ）、モロヘイヤ、ルッコラやバジルといったハーブ類などが栽培されるようになってきました。

種苗の問題点

栽培者自らが苗を育てたり（育苗）、実から種を採ったり（採種）することもありますが、家庭菜園では、使用する種苗が少ないこともあり、特に苗は購入となる場合が多いようです。苗は

写真1－1　家庭菜園。異なる野菜が同じ畑に栽培される

おおむね適期に販売されますが、必ずしも土作りなど畑の準備と一致しないため、不順な天候下での耕起や定植が遅れてしまう場合があります。そうなると、老化苗を用いて活着（根が出ること）に影響が出るなどの問題が発生します。

また、販売されている品種は、環境が制御された均一な圃場《ほじょう》で栽培されることを前提に育成されています。ところが、家庭菜園は少量・多品目で栽培されることが多いため、栽培（環境）条件がまったく異なる野菜類が同じ畑に栽培されます（写真1－1）。このため、野菜の種類と畑の条件によって、驚くほど立派に生育する野菜や、見るも無残な野菜が見られます。

後述しますが、それぞれの菜園に向いた種を育成するためには、自家採種と苗作りが必要になります。

不安定な栽培

栽培はプロの農家が行う場合と、農業とは無縁の人が行う場合があります。いずれの場合も家庭菜園では、野菜類の販売を目的としないため、生産性より安全性や旬を大切にして栽培されます。また、プロの農家が行う場合も野菜の栽培経験が少ないか、あるいはまったくない場合が多いため、生産は不安定な傾向があります。

家庭菜園の実践者には、野菜を栽培するための、耕耘機《こううんき》、鍬《くわ》、鎌《かま》などの農機具、テープ、支柱、敷きワラなどの生産資材が揃っていない場合があります。農機具や生産資材の不足は、他の方法を工夫する楽しみもありますが、適正な栽培管理が行えないなどの問題点もあります。

市町村などで貸し出す菜園では農機具（図1－1）が揃い、栽培指導者が常駐するなど整備の進んでいる菜園も多くなってきました。菜園の多くは隣接して作られるため、隣の菜園との道具の貸し借り、栽培情報の共有、品種や苗の交換などが行われたりもしています。また、家庭菜園は周囲の菜園に対する農薬の飛散や肥料の流亡の懸念から、無農薬・無化学肥料で栽培することを条件に貸し出す菜園も増えてきました。

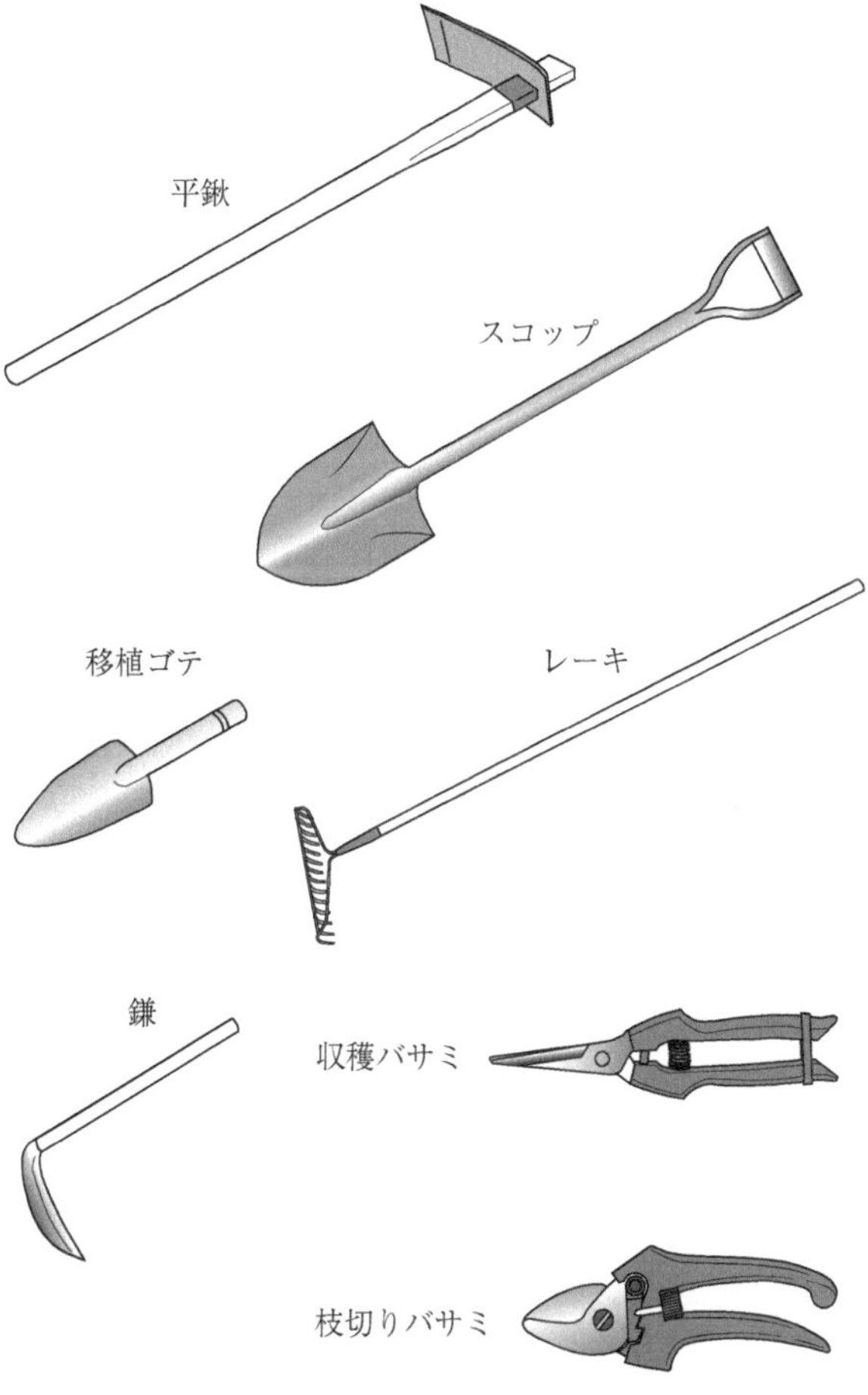

図1－1　家庭菜園で使用する農機具

1-2　誤解の多い家庭菜園

家庭菜園で栽培した野菜類は安全でおいしいと、ほとんどの人は思っています。しかし、ここに大きな誤解があります。確かに、自分で栽培した野菜類は栽培経過がよくわかっているため、本人にとっては安心感があります。ところが、安心と安全には大きな違いがあり、家庭菜園の場合、安全性はほとんど確認されていません。

一般に販売されている農作物は不特定多数の人々が食するため、安心感は別として、使用する品種、農薬、肥料等は厳密な試験が行われ、安全性が保証されています。

農薬の使用基準が守られているか

農薬を例にとってみると、野菜の種類やその栽培方法（露地、ハウス、雨除け栽培など）ごとに、使用できる種類、濃度、散布位置や方法、使用回数、農薬散布後収穫までの日数などが細かく決められ、これを遵守して栽培されたものだけが販売することができます。また、野菜には、熱を加えて調理するものと生で食べるものがあります。さらに、生で食べる野菜も、洗うだけと、皮を剝《む》いて食べる場合があり、残留する農薬は野菜の種類や食べ方によって大きく異なります。

しかし、家庭菜園では少量・多品目で栽培されることが多いため、たとえば、農薬を調合すると、農薬登録のない野菜を含め、すべての野菜に散布されてしまう場合が少なくありません。農薬登録されている場合は、その農薬が作物ごとに安全に使用できる範囲が明らかにされているわけですが、その範囲外の他の野菜に散布されてしまうと、安全であるはずの農薬が危険な薬剤に変貌する場合もあります。農薬を使用して栽培する場合は、農薬の使用基準を守って散布することが大切です。

また、化学合成農薬に代わり、木酢液《もくさくえき》、漢方薬など、効果や安全性の確認されていない資材が用いられる場合が多くなる傾向にあります。ほとんどの資材には強い毒性はないと思われますが、漢方薬は医療に用いられるため、一部毒性を示す成分も含まれています。

肥料過多になっていないか

植物の重要な養分は、窒素、リン酸、カリウム、カルシウム、マグネシウムなどの無機物です。これらを供給することが肥料の目的となります。

肥料を大別しますと化学肥料と有機質肥料に分かれます。化学肥料は、これらの無機物を化学的方法により製造したもので、有機質肥料は魚滓、コメヌカなど動植物質資材を原料としたものです。

家庭菜園の肥料は化学肥料より有機質肥料を多く用いる傾向があります。化学肥料は速効的な肥効がありますが、有機質肥料は微生物の分解によって窒素などが生じてはじめて肥効を発揮するため、遅効性となります。このため、知らず知らずに多肥栽培となり、病害虫の発生原因や品質（安全性）の低下にもつながります。

たとえば、ホウレンソウは多肥を好み、肥料が多いと旺盛に生育し、緑が濃くなります。緑が濃いと、生命力があり、おいしそうに思われます。ところが、ホウレンソウの葉色と残留する硝酸塩濃度はパラレルであるため、緑の濃い家庭菜園のホウレンソウからは、時として7000ppm（一般的には3000～5000ppmが適正）を超える硝酸塩を検出することがあります。このような高い硝酸塩濃度では肥料の残留基準があるヨーロッパでは食料として販売することができません。

また、キュウリはアンモニアに弱いため、アンモニア肥料を施用すると枯れることが知られています。家庭菜園では生の有機質肥料が施用される場合が多いですが、それが土中の微生物で分解されるときにアンモニアが産生されます。そのため、キュウリを枯らしてしまう場合があるのです。

1－3　家庭菜園のメリット、デメリット

数多いメリット

家庭菜園は調理場に直結しているため、必要なとき、必要な量を収穫することができ、菜園で栽培された野菜類をもとに献立を決める楽しみもあります。菜園での農作業は適度な運動を伴いますので、心身の健康にとってもプラスになるものと思われます。また、家庭菜園での作業は家族全員で行われることもあり、家庭のコミュニケーションの場にも役立っているでしょう。さらに、菜園は集団で設置されることが多いため、日頃話をする機会の少ない近所の人たちとの交流の場にもなります。

日本人の食生活は大きく変化し、これまでの野菜・米飯中心から、肉・パン食へと変わり、野菜の摂取量は少なくなりました。食べ物は人の健康に大きな影響を与えますが、最近の食べ物の傾向は心身に悪影響を及ぼしているかもしれません。家庭菜園は野菜類が簡単に手に入るため、日本型食生活の復活にも役立っています。食を通して、日本文化の継承や失われつつある社会道徳にも良い影響を与えるものと思われます。また、家庭菜園者は地場産の野菜にも目を向けるよ

うになり、地域の振興や農産物の自給率向上にもつながり、フードマイレージの減少にも貢献するでしょう。

デメリットにも目を向ける

野菜類は野生の植物が改良されたもので、人の健康に悪影響のあるアルカロイドやアレルゲンが少なくされてきました。しかし、健康志向の強い家庭菜園では原種に近い野菜類も栽培されることがあり、逆に健康に悪影響を及ぼす場合があります。実際、アトピーを悪化させた例もあります。また、家庭菜園の新鮮な野菜は生で食べたくなりますが、これも害になる場合がありま す。前述のように、農薬は調理法まで想定し、安全性を保証していますので、本来熱を加えて食べる野菜を生で食べることは想定されていません。また、伝統食では「茹でる、漬ける、水にさらす」などで健康に悪影響を与える物質（毒）を抜いてから食べました。生の野菜は刺身のツマや薬味程度でした。野菜は食べたほうが健康に良いですが、生野菜は食べないほうが健康に良いのかもしれません。

珍しい野菜は作る楽しみと食べる楽しみがありますので、日本で栽培されたことのない野菜も家庭菜園では見かけます。野菜類は居住する地域で不足するミネラルやビタミンなどを補給するために利用されてきた種類も少なくありません。そのような野菜には多少毒性があっても、健康上必要であるため食されてきた種類もあります。

病害虫は野菜類だけに寄生するとは限らず、他の植物を中間宿主とする場合があります。ナシの赤星病は庭木のビャクシン類を中間宿主とするため、ナシの産地では、市町村全体でビャクシン類の栽培を控えるなどの対策が行われています。このような例はコムギ赤さび病とアキカラマツ、根こぶ病とタネツケバナやナズナなどのアブラナ科雑草など、多くの伝染環が知られています。家庭菜園では野菜ばかりでなく、草花や花木も栽培されることが多いため、知らないうちに、病害虫の伝染環を形成する場合があります。

家庭菜園はその楽しさから、栽培規模を拡大しがちです。このため、大量の野菜が生産され、処分に困る例もあります。家庭菜園は本来、家庭で消費される野菜を補完するものであり、販売を目的にするものではありません。

第2章 家庭菜園を知るための農法

2-1　農法を理解する

なぜ過去の農法に目を向けるのか

農薬や化学肥料を用いた栽培は、土壌や気候条件を無視しても生産を容易にした技術です。しかし、家庭菜園では安全性志向が強く、減農薬・減化学肥料あるいは無農薬・無化学肥料で栽培されることが多くなります。そうなると、生産は病害虫の発生や栄養不足などで不安定になります。

では、農薬や化学肥料が普及していなかった時代や、それらが手に入りづらかった時代はどうだったのでしょうか。地域資源を活用したり、適期・適作を行ったりして、生産を安定させていたと考えられます。家庭菜園で無農薬・無化学肥料栽培を実践するために、こうした過去に開発された農法を学ぶことは価値があります。ここでは、「自然農法」「有機農法」「伝承農法」の歴史と栽培技術を検証します。

2－2　自然の仕組みを活用する「自然農法」

昭和10年岡田茂吉、昭和22年福岡正信、昭和53年川口由一の三氏によって提唱された方法と、自然発生的に不特定の人々が始めた方法があります。いずれの場合も考え方はほぼ同じであり、農薬と化学肥料を用いず、地域に適応した種苗の育成、土壌や気候条件に合わせた適期・適地作、周辺の生物生態や物質循環の利用など、自然の仕組みを最大限に活用して栽培する方法です。次に三者の特徴を示します。

岡田茂吉（1882―1955）

岡田氏は昭和10年（1935年）から自然農法に取り組んだとされ、「自然尊重」と「土の偉力を発揮する」が基本となっています。「凡そ世界にある森羅万象凡ゆるものの生成化育をみれば分かる如く、大自然の力、即ち太陽、月球、地球というように、火・水・土の三元素によらぬものは一つもない。勿論作物と雖もそうであるから、日当たりをよくし、水分を豊富にし、土をより清くすることによって、作物は人間の必要以上余る程生産されるものである」（『岡田茂吉論文集選書　神示の健康』エムオーエー商事）というように、自然の力を最大限利用することを提唱しています。また、農薬や化学肥料は直接あるいは農作物を介して人体に悪影響を及ぼし、農業経営を悪化させ、農民に過剰な労働を強いているため、「無農薬、無化学肥料」を栽培技術としています。

岡田氏の考え方は世界救世教の信者を中心に自然農法普及会活動を通じて全国各地に広がりましたが、昭和44年（1969年）の普及会解散と生産の不安定から、徐々に衰退し、信徒を中心に受け継がれるのみとなりました。一方、その思想は露木裕喜夫（1911—1977）に受け継がれ、日本有機農業研究会発足につながり、千葉県三芳村（現南房総市）の自然農法へと発展しました。

福岡正信（1913—2008）

福岡氏は岐阜高等農林学校（現岐阜大学）を卒業し、高知県農業試験場勤務を経て、昭和22年（1947年）から自然農法に取り組んだとされ、「不耕起」「無肥料」「無農薬」「無除草」を自然農法の四大原則としています。「自然というものが、常に完璧な完全者であり、絶対真理を忠実に実践する神の姿であり、人間もそのふところから離れては生存し得ない」（『自然農法　わら一本の革命』春秋社）というように、農業試験場の経験から科学的知識への限界を知り、何もしない・行わないから「自然＝無」を栽培技術の基本としています。

川口由一（1939—）

川口氏は自ら「専業農民」というように「農薬、化学肥料、機械」を使った農業従事者でしたが、昭和53年（1978年）健康を壊して以降自然農法を始めました。岡田氏や福岡氏の影響を受けながら、「農薬や化学肥料を止め」、次に「耕さず」へと独自の農法を確立しました。「自然を科学するということは、自然の生命を観ないということなのです。科学すると見失うのです。科学する目は決して、生命を観れない目なのです」（『妙なる畑に立ちて』野草社）というように、科学を絶対視することに注意を喚起しています。

三氏の共通点と相違点

三氏の自然農法で異なる点は除草と耕起にあります。除草対策では福岡氏と川口氏は不除草とし、岡田氏は草の生えない管理に重点をおきます。耕起では福岡氏と川口氏は不耕起であり、岡田氏は農作物に合わせた耕起を行います。

科学観では、福岡氏は農林学校や農業試験場での経験から「科学的認識は部分的掌握にすぎない」として、科学には否定的です。岡田氏と川口氏は「科学的認識は否定するものではなく、科学に対する我々の考え方を批判する」として、科学では自然に起こる現象のすべては解決できないとしました。

自然農法は生産性や収益性よりも、自然環境や食糧の安全性を重視するため、農業としては成立しにくく、このため、信念を持った人々によって、各地に点在して継承されてきました。また、その土地の自然の仕組みを活用するため、圃場《ほじょう》条件を選ばない標準的な栽培技術はほとんどなく、地域ごとの土壌や気候条件に合わせて、圃場ごとにさまざまな工夫や各種の栽培技術が考案されています。

2－3　化学肥料に頼らない「有機農法」

自然を観察し、規範とする

有機農法は、化学肥料に頼らず、自然環境や生態系と調和した栽培を目指す農法です。その起源はリービッヒとテーアの無機栄養と有機栄養にさかのぼります。

リービッヒ（独・１８０３―１８７３）は著名な有機化学の研究者で、１８４０年に「農業と生理学に応用された有機化学」を出版し、①それまで農作物の収量を規定するものと考えられていた有機栄養説（フームス腐植質）を否定し、無機栄養学を提案し、②土の中で最も少ない必須元素によって植物の生長が決定される「最小律」を樹立しました。化学肥料を開発したのもリービッヒです。

テーア（独・1752―1828）はリービッヒと対照的な理論を展開しました。リービッヒが実験室の科学であるとすると、テーアは圃場の科学であり、①自らの小農場でモデル経営を行い、②劣悪土壌を有機物の投入によって、最高の耕作地に作り変えることを試みました。このことは、医師であったことと、医学から農学に転身したことが深く関係しているのかもしれません。

リービッヒの考え方は近代農法の基礎となり、テーアの考え方は有機農法の基礎となりました。

その後、ハワード（英・1873―1947）は王立科学大学とケンブリッジで農学を学び、インドで30年近くを農業指導者や大学の教官として奉職しました。退官後、「すべての生物は生まれながらにして健康である。この摂理は土壌・植物・動物・人間を一つの鎖の環で結ぶ法則に支配されている」としました。「最初の環＝土壌」の弱体と欠陥は「第2の環＝植物」に影響し、「第3の環＝動物」を侵し、「第4の環＝人間」にまで至る、というものです。「森林植生にみられる共生の原理に基づく循環系、そこに生命存続のモデルをみることができる。母なる大地から収奪した要素を還元しない化学肥料依存の農法は、近代人の肉体と精神に計り知れない影響を及ぼしている」（『ハワードの有機農業』農村漁村文化協会）とし、豊作を保証するのは健全で生産的な土壌を維持する自然から供給される有機物であるとしました。

家畜糞尿や収穫残渣《ざんさ》などの有機物を堆肥化し、これを土壌に投入することで、土地そのものを肥沃にする効果のあることを実証しました。これに対し、リービッヒの流れを汲むローザムステッド農業試験場の研究者は、単に肥料の効果を高める手段としてしか認めませんでした。

ハワードの考え方は米国でロデイルに受け継がれ、民間にその支持者を広げていきました。また、岡田茂吉氏はロデイルと書簡を交わしていたため、自然農法にも影響を及ぼしたと考えられます。

ドイツでは１８００年代から普及したリン酸や窒素などの化学肥料の弊害が、作物の味、病害虫抵抗性の減少、家畜健康の悪化、種子発芽率の低下などとして現れました。農民たちはシュタイナー（独・１８６１—１９２５）に救いを求めました。１９２４年、シュタイナーは８つの講義（農業を豊かにするための精神科学的な基礎——バイオダイナミック農法）を授けました。太陽、月、惑星と地球の位置関係が土壌や生命体の成分及び気候等に与える影響を重視して、種まき、苗植え、耕起、調合剤の準備や施用、収穫などの時期を天体の動きに合わせて選択しました。化学物質は使用しないかわりに、天然のハーブや鉱物をコンディショナーとして用いました。バイオダイナミック農法は長年にわたって実験が繰り返し行われたため、農民の間で迷信として扱われていた、星の運行による農事暦が体系化・理論化されて世界各地に広まっていきました。

これら、テーア、ハワード、ロデイル、シュタイナーなどの研究が、現在の有機農法のベースとなっています。有機農法と自然農法とは考え方がほぼ同じで、化学肥料は用いず、自然を観察し、これを規範とすることに重点が置かれます。

一方、日本国内においては、明治以降、化学肥料が輸入されるようになりましたが、化学肥料は「金肥」といわれ高価であったため、肥料はもっぱら、人糞尿、家畜糞尿、魚滓などであり、有機栽培が中心でした。昭和20年（１９４５年）の終戦以降、日本農業は急激に変化し、化学肥料と農薬が栽培技術として一般化しました。さらに、昭和36年（１９６１年）農業基本法が施行され、機械化と規模拡大などの農業の近代化が進み、化学肥料と農薬が多投入されるようになっていきました。この頃より徐々に化学肥料と農薬の弊害も現れ始め、日本国内でも有機農業の必要性が叫ばれ、有機農業が実践されるようになりました。

昭和46年（１９７１年）日本有機農業研究会が結成されて、民間と大学や都道府県の研究者によって、理論や技術が研究されるようになりました。また、平成12年（２０００年）1月20日、有機農産物の日本農林規格（有機ＪＡＳ法）が制定され、さらに平成18年（２００６年）12月15日、有機農業推進法の施行によって、生産者と消費者の有機農業に対する意識が大きく変わりました。

2－4　農家の経験が活かされた「伝承農法」

伝統野菜などに残る

伝承農法は長い年月をかけて、農家の方々が経験を基に試行錯誤しながら作り上げた農業技術のことで、生産された農産物が伝統食や地域の文化を生んできました。伝承農法は大きく分けて、生物指標、自然指標、品種、栽培方法、雑草管理、苗作りの6つに分類でき（表2－1）、農事暦、ことわざ、掟、魔除けなどとして継承されてきました。伝承農法の一部は科学的に解明あるいは利用され、農業技術の開発や新品種の育成に活用されてきました。しかし、昭和36年（1961年）、農業基本法が制定されて以降、機械化、大規模化が進められ、農業が大きく変化していく中で次第に忘れ去られ、一部の伝統野菜や加工農産物に残るのみとなりました。

各地の伝統野菜、京野菜（京都府）、加賀野菜（石川県）、島野菜（沖縄県）、ユウガオとネギの混植などに、数少ないながら一部伝承農法が残っています。

表2－1　伝承農法の種類

伝承農法の種類	主な内容
生物指標	カッコウとツツドリの初鳴きとダイズの播種やジャガイモの定植、桐の開花と豆の播種、梨の開花と粟の播種、ヒバリのさえずりとムギの収穫、桜の開花と代かき、コブシの開花と豆の播種、鹿鳴きと粟の収穫、銀杏の黄葉と麦まきなど
自然指標	残雪（白馬岳、爺ヶ岳、農鳥岳、種山、田代）と代かきや田植え
品種	京野菜、加賀野菜、島野菜、練馬ダイコン、下仁田ネギなど
栽培方法	混植、間作、輪作、畝の高さと方向、摘心など
雑草管理	連作、不耕起、叢生栽培、秋耕起・春耕起
苗作り	播種方法、踏み込み温床、断根挿し木

残雪の形で種まき時期を知る

植物の栄養素は無機物です。窒素、リン酸、カリウムの三大要素のほか、カルシウム、マグネシウムなどの微量要素も必要です。なかでも、植物が発芽、生育するのに不可欠なのが窒素で、土壌内の有機物が微生物によって分解されるときに発生します（地力窒素）。この分解が行われるには、一定の土壌温度が必要です。

近代農法では、有機物が未分解で、地力窒素が発現されていない低温期においても、化学肥料によって播種や定植を可能にしてきました。いっぽうで、無肥料や有機質肥料を用いた栽培は、気温や地温の影響を直接的に受けるため、適温にならなければ播種も定植もできません。

伝承農法では、播種などの適期を正確に知る必要があり、そのための方法が、生物指標の利用です。たとえば、カッコウやツツドリは初鳴きで配偶者を求め、交尾後、他の巣に産卵します（托卵）。托卵するため、托卵先の雛の餌が繁殖する時期まで推定して、初鳴きすると考えられています。こうした生態を利用して、北海道や東北地方では、これらの初鳴きをダイズの播種期やジャガイモの定植期の目安としてきました。

日本各地に残雪の形から名前がつけられた農鳥岳、種山などの地名が残っていますが、これらは自然指標の例です。雪解けの形で水温の上昇を知り、苗代作りや水稲の種まきの指標として利用してきました（水稲は水温12℃以上で生育する）。信州地方では5月下旬～6月に河川の水温が上昇し、水稲の種まき適期になりますが、白馬岳の山頂から少し下った残雪は馬が頭を南、北に尾を跳ね上げ、背中には鞍、首には頸輪がかけられた形をしています。また、大町市から望まれる爺ヶ岳は種まき爺さんの雪形から名づけられ、自然指標として利用されてきました。田植え適期が1ヵ月以上もある西南暖地にはこのような言い伝えはほとんど見られませんが、信州や東北地方は田植え適期が1週間前後しかない厳しい農業条件から、多くの言い伝えが残っているものと思われます。

科学的に解明されたものも

沖縄県にゴーヤー（ニガウリ）、ナーベーラー（ヘチマ）、サクナ（ボタンボウフウ）、モーウィ（キュウリの仲間で表面が茶色）、島ニンジン、クワンソウ（カンゾウ）、島ラッキョウなどが、独特の栽培方法や食文化として伝承されています。また、京都府には聖護院ダイコン、鹿ヶ谷カボチャ、エビイモ、ミブナ、賀茂ナス、九条ネギ、堀川ゴボウ、万願寺トウガラシなど多くの野菜が伝統食と共に継承されています。

ユウガオ（寿司に用いるかんぴょうの材料）は豊臣秀吉によって、滋賀県で日本最初の栽培が行われたといわれています。秀吉が戦いの馬印として用い、勝利の度に数を増やしていった千成瓢簞はユウガオと同じ植物ですので、一緒に植えておくと簡単に交雑します。ユウガオは千成瓢簞の大形品種といえます。

栃木県には古くからユウガオとネギを混植、連作する伝承農法があります。長い間その意味はわからず、魔除け、モグラ除けなどとして継承されてきました。科学的に解明されたのは最近のことで、昭和61年（1986年）木嶋らによって、拮抗微生物とアレロパシー（他感作用）の効果で、ユウガオの連作を可能にしてきた技術であることが明らかにされました。詳しくは第6章「コンパニオンプランツ」を参照してください。

雑草を抑える方法

農耕は雑草との戦いであったといっても過言でないほど、草取りは農民に重労働を強いてきました。農作物を同じ圃場で栽培を続けると、アレロパシーの関係で、その作物に選ばれた草だけが残り、雑草を減少させます。また、輪作も雑草を抑える働きのあることが経験的に知られています。イネ科とマメ科の輪作、ソバと野菜の輪作などは雑草を少なくすることが明らかになっています。詳しくは第5章を参照してください。

種子は水分、酸素、温度が揃ってはじめて発芽します。深い位置に播種すると、水分は十分ですが、酸素が不足します。逆に浅い位置に播種すると、酸素は十分ですが水分が不足します。このため伝承農法では播種方法に工夫がありました。ソラマメは「おはぐろ」（種の黒い部分）から根と芽を伸長させます。そこで、「おはぐろ」を下方の深い位置に向け、尻がやや見える程度に播種し、発芽に必要な水分と酸素を確保しました。また、ダイズやインゲンマメは1穴に3〜5粒を播種することで、深い位置に播種しても、種子と種子の間隙に空気をためることによって、酸素と発芽温度を確保しました。

また、発芽温度に満たない時期に苗を作る方法として、落ち葉、枯れ草、コメヌカなどの有機物が発酵するときに発生する熱を利用した、踏み込み温床があります。詳しくは第4章で説明します。

2-5　病害虫に強い農法

生態系を重視

自然農法、有機農法、伝承農法とも農薬と化学肥料はほとんど用いません。病害虫の発生と肥料には正の相関関係があり、多肥は病害虫に弱く、少肥は病害虫に強くなることから、自然農法、有機農法、伝承農法は病害虫に強い農法といえます。

イチゴの炭疽《たんそ》病の罹病性と窒素肥料の施肥量、イネいもち病の罹病性と窒素肥料の施肥量など、病害の感染から発病に及ぼす肥料の影響については多くの研究事例があります。また、害虫の産卵行動、卵の孵化《ふか》率、幼虫の羽化率に窒素肥料が大きな影響を及ぼすことが明らかにされています。

また、自然農法、有機農法、伝承農法は自然生態系を重視する農法であるため、土壌中の小動物や微生物、飛来する昆虫など生物の多様性が維持され、病害虫など特定の生物が優先して繁殖することを抑制しているものと思われます。田畑での生物多様性は餌の関係から鳥類など周囲の生物生態へも影響を与え、コウノトリや朱鷺《とき》の復活にも貢献するものと思われます。

第3章
野菜作りの基本

3－1　野菜の分類

8つの科の特徴

家庭菜園で主に栽培される野菜類はアブラナ科、ウリ科、ナス科、ユリ科、マメ科、キク科、セリ科、シソ科、その他に分けられます（表3－1）。

アブラナ科野菜はほとんどが地中海沿岸原産で、秋に発芽し、冬期間に生育し、春に開花する二年草です。他殖性（異なる株の花粉で受粉し、自身の花粉で受粉できない性質）であるため、交雑種が数多くあります。根圏微生物を共生し、多くの植物に共生する菌根菌（植物の根に共生する微生物。第4章参照）は共生しません。吸肥力が強く、有機質が多い肥沃な土壌を好みます。連作畑では、完全寄生菌のプラズモデオフォーラ菌による根こぶ病が発生し、大きな被害を受けます。キャベツ、ハクサイ、ダイコン、カブ、コマツナなど多くの野菜がアブラナ科に属します。

ウリ科野菜の原産地は中央アメリカ、インド、アフリカなどに分散していますが、比較的高温を好み、多くは一年草です。雌雄異花（雌花と雄花に分かれている）が多く、他殖性です。つる

表3－1　野菜の分類

科の区別	主な野菜
アブラナ科	ケール、キャベツ、ブロッコリー、カリフラワー、ハクサイ、ダイコン、カブ、ラディッシュ、タカナ、コマツナ、キョウナ、カラシナ、ナバナ、チンゲンサイ、タアサイ、コールラビー、ホースラディッシュ、サイシン、コウサイタイ、クレソン
ウリ科	キュウリ、シロウリ、ゴーヤー、メロン、スイカ、カボチャ、ズッキーニ、ヘチマ、トウガン、ハヤトウリ
ナス科	ナス、ピーマン、トウガラシ、トマト、ジャガイモ、シシトウ
ユリ科	ネギ、ワケギ、タマネギ、ラッキョウ、ニンニク、ニラ、リーキ、エシャロット、チャイブ、アスパラガス
マメ科	エンドウ、インゲンマメ、ダイズ、ソラマメ、ラッカセイ、シカクマメ、ササゲ、トウミョウ
キク科	レタス、サンチュ、チコリー、シュンギク、ゴボウ、アーティチョーク、フキ、ヨモギ
セリ科	ニンジン、セリ、セルリー、パセリ、ミツバ、アシタバ、フェンネル
シソ科	シソ、スイートバジル、タイム、ローズマリー、ミント、ラベンダー
その他	オクラ（アオイ科）、サツマイモ（ヒルガオ科）、ホウレンソウ（アカザ科）、サトイモ（サトイモ科）、トウモロコシ（イネ科）、イチゴ（バラ科）、モロヘイヤ（シナノキ科）、コンフリー（ムラサキ科）、ショウガ、ミョウガ（ショウガ科）

性で浅い位置に根を伸ばし、水を好みますが、過湿を嫌いますので、水はけのよい土壌条件を好みます。アンモニアに弱く、未熟な堆肥を嫌います。またカリウム肥料を好みます。連作畑ではネコブセンチュウが発生し、大きな被害を与えます。キュウリ、スイカ、カボチャなど実物《みもの》野菜がウリ科に属します。

ナス科野菜の原産地は中央アメリカ、南アメリカ、インドなどに分散し、生育環境はナスの高温・多湿からジャガイモの低温・乾燥まで大きく異なります。自殖性（自分の花粉で受粉する性質）が強く、交雑することはほとんどありません。水を好みますが、葉への降雨は過繁茂や病害の発生原因となります。ジャガイモ、トマトは貧栄養でも育ち、ナス、ピーマンは高栄養を好みます。また、ナス科野菜はカルシウムを好みます。連作畑では細菌のラルストニア・ソラナセアルム菌による青枯病が発生し、大きな被害を与えます。ナス科はナス、ピーマン、トマトなど実物野菜とジャガイモの根物《ねもの》野菜です。

ユリ科野菜の原産地は地中海沿岸、ヨーロッパ、東南アジア、中国などに分散しますが、比較的冷涼な気候を好み、多年草や二年草が多くなります。タマネギやネギなどの実生《みしょう》繁殖系（種から育てる）は他殖性であるため、交雑種が数多くあります。単子葉であるため、アンモニアを好み、未熟な有機物でも育てることができます。また、根に菌根菌が共生するため、荒れ地でも生育できます。ネギ、タマネギ、ニラなどの葉物《はもの》野菜がユリ科に属します。

マメ科野菜の原産地は中央アメリカ、南アメリカ、地中海沿岸、サバンナ、中国などに分散し、インゲンマメの高温・乾燥からエンドウの低温・湿潤まで生育環境は大きく異なります。一年草が多く、自殖性です。根に根粒菌（マメ科植物の根に共生し、空中窒素を固定する）や菌根菌を共生するため、荒れ地でも生育できます。エンドウ、インゲンマメ、ラッカセイなど実物野菜がマメ科に属します。

キク科野菜の原産地は地中海沿岸、ヨーロッパ、中央アジア、日本などで、比較的冷涼な気候を好み、主に多年草と二年草になります。根に菌根菌が共生し、地力の低い畑でも育ちます。また、害虫はあまり寄生しないか、あるいはキク科のみに寄生するため、バンカープランツや害虫忌避植物（第6章参照）として利用されます。キク科は根を食べるゴボウ、蕾を食べるアーティチョークを除き、レタス、サンチュ、フキなど葉物野菜になります。

セリ科野菜の原産地は地中海沿岸、中央アジア、日本などで、比較的冷涼な気候を好み、耐陰性（日陰でも育つ性質）の強い野菜が多く含まれます。主に二年草と多年草です。根に菌根菌が共生し、地力の低い畑でも育ちます。独特の香りがあるため、セルリーやパセリのように香辛料として利用される場合もあります。セリ科は根を食べるニンジンを除き、セリ、ミツバ、アシタバなど葉物野菜になります。

シソ科野菜の原産地はヨーロッパ、インド、中国などで、生育環境は大きく異なります。多年草が多く、一部シソやスイートバジルなど一年草があります。独特の香りがあるため、香辛料として利用される場合が多くなります。また、バンカープランツや害虫の忌避植物としても利用されます。

3-2 野菜の原産地が生育条件を決める

トマトは南米、ナスはインド

日本で栽培されている野菜は海外から導入されたものが多く、国内が原産地の野菜類は多くありません。農作物にはそれぞれ原産地があり、図3-1に示したとおり、トウモロコシやサツマイモは中米のメキシコ、ジャガイモやトマトは南米アンデスといわれているように、原産地は世界各地に分散しています。原産地では、野菜類は気候や土壌条件に適応して進化していますので、人の管理を受けなくとも立派に生育します。しかし、原産地以外での栽培は、土壌や気候などの生育条件が異なるため困難を極めます。原産地の気候や土壌条件を無視して野菜類の栽培を可能にしたのは、いうまでもなく、肥料、農薬、ビニールなどの農業資材です。

家庭菜園の野菜作りで最も重要なことは、原産地の日照、気温、降水量、土壌の種類などの生

ヨーロッパ
アスパラガス、タイム、ミント、ローズマリー、クレソン、セルリー、パセリ
中央アジア
ニンジン、リンゴ、モロヘイヤ、ホウレンソウ、ニンニク、セルリー
地中海沿岸
オオムギ、コムギ、キャベツ、ブロッコリー、カリフラワー、カブ、コールラビー、ダイコン、タマネギ、リーキ、エンドウ、シュンギク、レタス、チコリー、ゴボウ、ラベンダー、アーティチョーク
中国
ダイズ、コーリャン、ハクサイ、タカナ、カラシナ、チンゲンサイ、タアサイ、ネギ、ラッキョウ、シソ
南アフリカ
スイカ、メロン、オクラ、ソラマメ
東南アジア
イネ、柑橘類、バナナ、タロイモ、サトイモ、茶、サトウキビ、ゴーヤー、トウガン、ショウガ、ニラ
中央アフリカ
ササゲ、シコクビエ、ヒョウタン、ゴマ
南アメリカ
トマト、ジャガイモ、ラッカセイ
インド
ナス、キュウリ、シロウリ、ヘチマ、スイートバジル
中央アメリカ
トウモロコシ、サツマイモ、トウガラシ、カボチャ、ズッキーニ、インゲンマメ、ハヤトウリ

図3－1　野菜の原産地（諸説あるものは1例をあげた）

育環境や生育条件を知ることです。まず、砂質や粘土質など土壌の種類から、どのような野菜が栽培可能かを調べます。次に、野菜の生育条件に合う季節に栽培するよう適期を決めます。最後に、光の好み、水の好み、肥料の好み、根の深さなどから菜園の栽培する位置を決め、耕す方法、有機物の種類など畑を準備します。播種は1粒まきや3～5粒まき、定植は深植えや浅植えなどそれぞれの野菜の性質に合わせます。さらに、野菜の生理・生態から雨除けや敷きワラ、土寄せや根切り、誘引や摘心などの栽培管理を行います。

地中海型野菜

地中海型気候は、冬に雨が多く温暖で、夏は暑く乾燥します。このため、秋に発芽あるいは萌芽して冬期間生育し、春～夏開花する野菜が生育します。家庭菜園の定番であるキャベツ、ブロッコリー、ダイコン、コマツナなど多くのアブラナ科野菜、ホウレンソウ、タマネギ、エンドウなどが含まれます。日本で栽培する場合は秋に播種あるいは定植し、春～初夏に収穫するのがベストシーズンとなります。

コマツナ、ホウレンソウ、ダイコンなどは、年間を通じて栽培できる品種や方法がそれぞれの野菜で開発されています。しかし、時期によって収穫物の姿は異なります。たとえば、夏のホウレンソウと冬のホウレンソウを較べてみると、冬のホウレンソウは茎葉がしっかりしており、重量感があるのに対して、夏のホウレンソウは貧弱です。また、食味や機能性でも異なり、夏のホウレンソウに較べ、冬のホウレンソウは甘く、変異原性（細胞が癌化する）を抑制する力も強いといわれています。

湿潤熱帯型野菜

雨が多く、暑い地帯が原産地で、短日で花を咲かせる野菜類が多く、ナス、キュウリ、サトイモなどがあります。日本で栽培する場合は春に播種あるいは定植し、夏〜秋に収穫します。

キュウリは家庭菜園でよく栽培されますが、狭い畑を有効に使うため、ネット栽培（支柱を立て、これにつるをからませて栽培する）が多くなります。キュウリは短日で花を咲かせ、日の短くなる秋によく実をつけます。そのため、夏〜秋の収穫が作りやすい作型となります。

乾燥熱帯型野菜

雨が少なく、暑い地帯を原産地とする野菜類で、スイカ、トウモロコシ、サツマイモ、カボチャ、ピーマンなどがあります。雨が少ない地帯に生育するため、乾燥に適応した根や葉の形状を持っています。日本で栽培する場合は春に播種あるいは定植し、夏〜秋に収穫します。

南アフリカの砂漠を原産地とするスイカは、他のウリ類と異なり、深い位置に根を伸ばしま

表3－2　日本原産の野菜と各時代に渡来した野菜

原産と渡来の時期	野菜名
日本が原産	フキ、セリ、ウド、ハマボウフウ、タデ、ジュンサイ、アサツキ、ラッキョウ、ミョウガ、マコモ、クロクワイ、ヒユ、ヤブカンゾウ、オニユリ、ヤマユリ、アシタバ、ミツバ、ミズアオイ
太古に日本に渡来	カブ、ハタケナ、オカノリ、シソ、シロウリ、マクワウリ、ユウガオ、ゴボウ、ネギ、ニラ、ダイコン、ワケギ、ニンニク、ショウガ
奈良〜平安時代	カラシナ、ナス、トウガラシ、キュウリ、フジマメ、ササゲ、ウイキョウ、食用ギク、カキチシャ
室町〜江戸時代	ホウレンソウ、日本カボチャ、ツルムラサキ、ミブナ、キョウナ、フダンソウ、インゲンマメ、エンドウ、ソラマメ、ニンジン、ジャガイモ、サツマイモ、スイカ、ニガウリ、トウモロコシ、イチゴ、シュンギク、チコリー、セルリー、スイゼンジナ、キクイモ
明治時代以降	ハクサイ、オクラ、ピーマン、レタス、キャベツ

す。このため、スイカは根を深く伸ばすことのできる砂質の土壌が適地になります。

中央アメリカの乾燥した瘦せ地を原産とするサツマイモは、有機物の多い肥沃な土壌を嫌います。スイカと同じように砂質土壌を好むため、四国の鳴門や坂出で高品質のサツマイモが生産されます。

数少ない日本原産の野菜

日本を原産地とする野菜類は数少なく、現在は一部を除き、山菜として山採りされるものがほとんどです（表３－２）。伝統食の材料として、東北地方のフキ、ウド、アサツキ、山陰地方のハマボウフウ、伊豆諸島のアシタバ、沖縄県のヤブカンゾウなどが原種のまま栽培され、利用されています。日本原産の野菜は、日本の気候や土壌条件に適応・進化したため、無肥料・無農薬でもよく生育します。家庭菜園では日本原産の野菜を栽培品目の一つに加えることも必要です。

3－3　旬と適期

旬の野菜

旬の野菜は、人の手を何も加えずとも自然に生育し、食べ頃に収穫された野菜です。ですから、その野菜が生育していた土地の温度や日照などの気候条件に近い状態で栽培されたものでも、施設で環境を制御して栽培された野菜は旬には含まれません。旬の野菜は原産地の気候に近い状態で栽培された野菜といえます。

日本で採れる旬の野菜はワラビ、ゼンマイ、アイコ（ミヤマイラクサ）、シロキ（コシアブラ）、シドキ（モミジガサ）、タラボウ（タラノキ）、ウルイ（ギボシ）、フキ、ウドなど山菜といわれる野菜が多くなります。

適期栽培

地力窒素の発現する時期に野菜類を播種あるいは定植した場合、肥料はほとんど必要とせず、病害虫による被害もほとんど発生しません。このような時期に栽培することを適期栽培といいます。伝承農法では生物指標や自然指標から適期を知って利用してきました。

適期はその野菜に備わっている生理生態によって異なり、期間も限られます。アブラナ科野菜の原産地では短日の秋に出芽し、温暖で雨の多い冬期間に生育し、乾季の始まる春に花を咲かせるリズムがあります。しかし、生育可能な温度であれば、長日に向かう春でも栽培できますし、高冷地なら真夏でも栽培可能です。人が関与することによって、原産地の日長や降雨などのリズムに関係なく栽培が行えるわけです。このように人が関与した場合も、適期栽培に含まれます。

3-4　さまざまな栽培法

キャベツは集団を好み、ハクサイは孤立を好む

原産地で農作物が「群落を形成していたのか、あるいは孤立していたのか、平原か傾斜地か」

などによって、栽植密度も当然異なってきます。水稲を単位面積あたりの本数を一定にし、1株を1本、2本、3本と変えて植え、生育と収量を調べてみると、3本植えが生育、収量とも高いことがわかります。このように、植物は原産地の生育条件に合わせるとよく生育し、収量も多くなります。

写真3－1　キャベツは密植する。ムラサキカタバミ（雑草の一種）との共栄

キャベツとハクサイは同じアブラナ科野菜であり、地中海沿岸とその周辺が原産地といわれています。しかし、生育環境は異なり、キャベツの先祖、ケールは岩壁の割れ目に根を下ろし、ハクサイの先祖は草原に根を下ろしていました。このような原産地に適応進化したキャベツは集団を好み、ハクサイは孤立を好む性質があります。キャベツは相互に助け合うため、密植が生育を助長しますが、逆にハクサイは株同士が競合し、密植は生育を悪くします。このため、ハクサイは苗の質を揃え、十分に株間をあけて定植する必要があります。キャベツは苗がやや不揃いでも、密植することにより、互いに助け合って、弱い株の生育を補完します（写真3－1）。ま

た、キャベツは草を排除せずに共栄するため、雑草防除はほとんど必要なく、ハクサイは草を排除する性質があるため、雑草防除が必要となります。

ダイコンは3~5粒を1穴にまく

タンポポの種子は風に乗り繁殖地を拡大させます。水稲の未熟な種子は水面に浮き、水に流され鳥などの餌になりますが、完熟種子は水中に沈み、発芽して繁殖します。

沖縄県には海岸にマングローブ（ヒルギ類）が繁殖しています。マングローブは開花し結実すると、風を切るガクを付けたロケット形の種（苗）を形成します。苗は熟すると、ガクに風を受けて、回転しながら落下して地面に突き刺さります。突き刺さった苗は潮の満ち引きで流されることなく、海岸で根を伸ばし、繁殖することができます（写真3-2）。このように植物の種子は、その土地に自生するためや繁殖地を拡大する巧みな生存戦略を備えています。

ダイコンはサヤに3~6粒の種子が入っており、サヤも硬いため、キャベツやハクサイなど他のアブラナ科野菜のようにはじけて種子が分散することはほとんどありません。このため、ダイコンの種子はサヤに入った状態で地面に落ちます。このような生態から、ダイコンは1穴に3~5粒を播種すると、発芽とその後の生育がよくなります。インゲンマメやダイズなどの豆類もサヤの中に2~8粒の種子が入っています。このため、豆類もまた1穴に2~3粒を播種する伝承

写真3－2　マングローブの実（右）は熟すると落下し、地面に突き刺さる（左）

技術があり（図3－2）、この技術が有効であることは科学的にも証明されています。また、カボチャやスイカなどのウリ類は硬い種皮に覆われており、保存性は良いものの、吸水が難しく、発芽揃いが悪い傾向にあります。このため、ウリ類は吸水後に播種すると発芽と発芽揃いがよくなります。

苗七分作の意味するところ

苗作りでよくいわれることに、「苗五分～七分作」があります。苗の善し悪しが、作物の出来を大きく左右するという意味です。

多くの野菜類は発芽～本葉3枚の期間は親からの従属栄養（種子からの栄養）期間で、発芽とその後の生育のため、親から受け継いだ免疫機能が働き、微生物を排除する力があります。本葉3枚

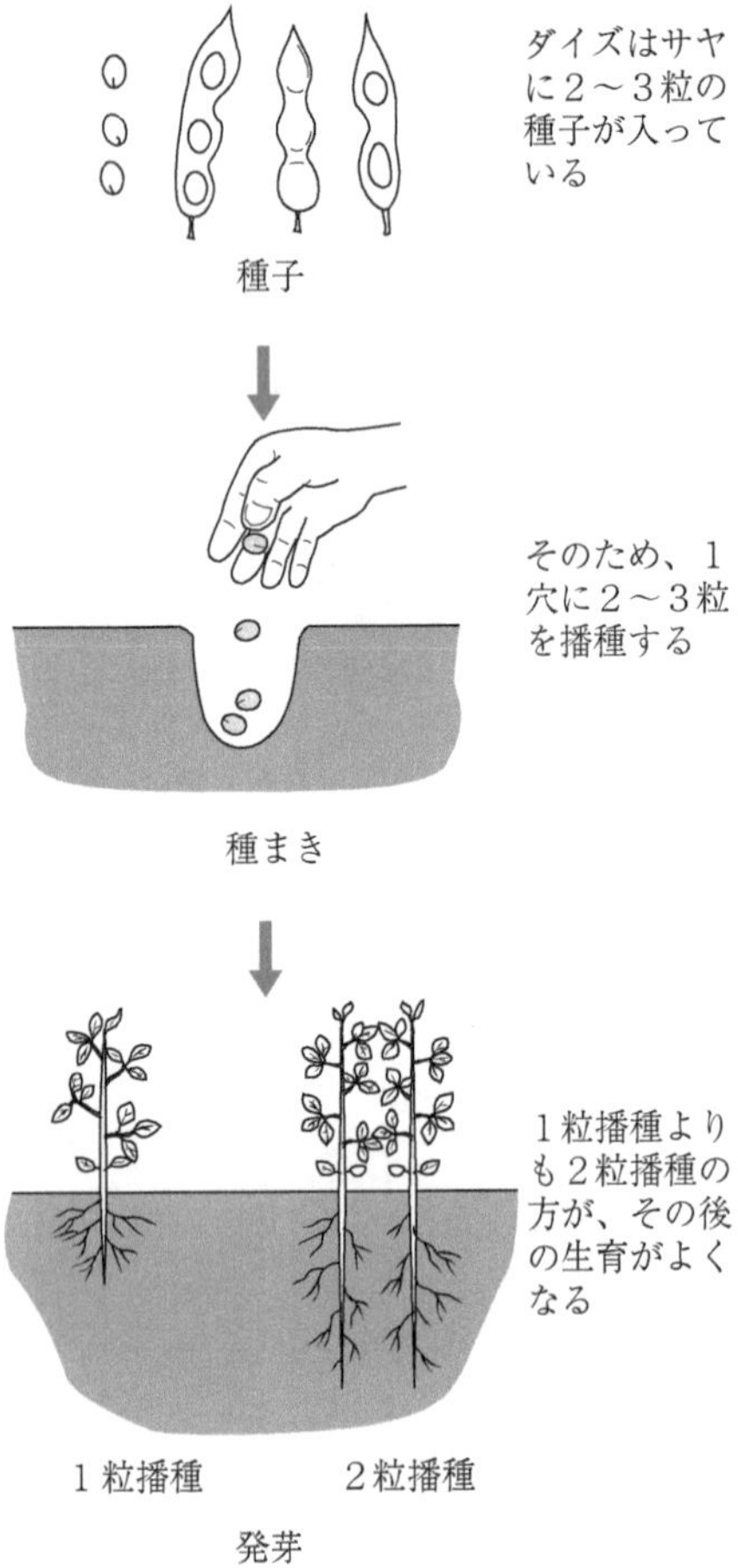
ダイズはサヤに2～3粒の種子が入っている
種子
そのため、1穴に2～3粒を播種する
種まき
1粒播種よりも2粒播種の方が、その後の生育がよくなる
1粒播種
2粒播種
発芽

図3－2　豆類の播種

以上になると、自身で栄養を吸収あるいは合成する独立栄養になりますが、この変換期に根圏微生物が野菜の根に共栄します。この苗の時期に共栄した微生物は野菜と一生をともにします。

また、遺伝子はすべて発現するのではなく、発芽～栄養生長～生殖生長などの生育段階によって、発現する遺伝子は異なります。発芽のとき、植物は種子に貯蔵されたでんぷんを糖化して種子を発芽させます。このため、播種された環境に適応して、糖化や耐寒性などの遺伝子の発現量が決まります。苗の時期に発現した遺伝子は、生育期間全般を通じて発現するため、苗の善し悪しで、その野菜の出来不出来が半分以上決まると考えられています。

第4章
作物栄養の基礎知識

4−1　土作りの基本

理想は30対40対30

畑の土には有機物があり、これを分解する微生物や昆虫、小動物たち、これを餌にする鳥類やモグラ、イノシシなど、さまざまな生き物たちが生息しています。野菜は分解された無機物を栄養源として生育します。野菜もまた畑に生きる生き物の一つなのです。土と野菜、これをつなぐ微生物や昆虫、小動物はせめぎ合い、助け合い、傍観者になり、互いになんらかの影響を及ぼしあって生きています。

畑には、適度の水持ちと水はけが必要です。砂地のように水持ちの悪い土壌、重粘土のようにまったく水が浸透しない土壌のいずれも適当ではありません。土壌の粒子を固相、間隙の空気の相を気相といい、ここが根の伸長する部分です。固相30〜40％、気相30〜40％、水相30％の分布が最も良い状態といわれています。土を握ったとき耳たぶほどの弾力性を持った土がおおよそこの状態です。畑では、土をこの理想状態に近づけるようにします。水をかけると、気相は水と入れ替わります。水をかけて握ったときに崩れない水分60％程度の状態が、ほとんどの野菜類が最

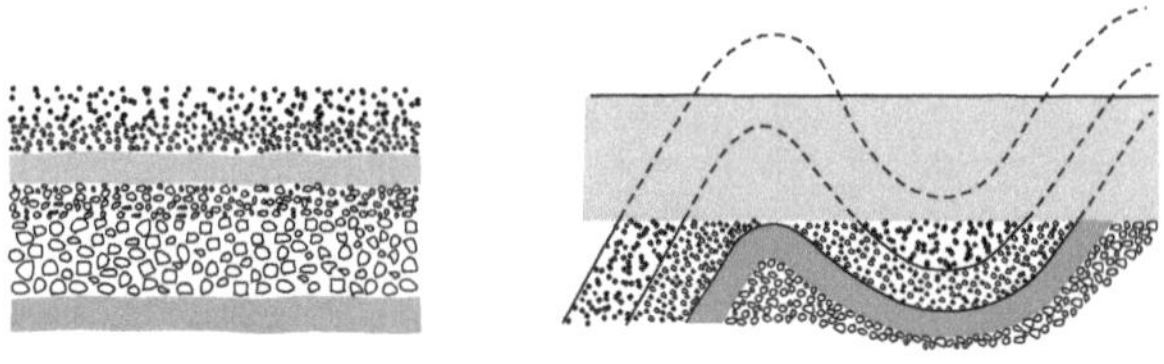

図4－1　本畑は土壌の立体構造がしっかりしているが、造成畑は土壌構造が破壊されている場合が多い

も育ちやすいといえます。

このため、畑に有機物を投入したり、耕起を工夫することなどによって、水分が保持されやすく縦に適度に浸透するような土壌構造を作ります。具体的にみていきましょう。

土壌の立体構造を作る

土壌は、母岩が気候や植生などの影響を受け、長い時間をかけて形成されたもので、下層土（心土ともいう）、上層土（作土）の立体構造が作られています。

畑や水田は、元の山林・草原や低湿地の地形をそのまま利用した本畑と本田、人為的に高みを削り、窪みを埋めるなど地形を改造した造成畑と造成田に分けられます（図4－1）。本畑・本田は原地形が保存されているため、立体構造がしっかりしているのに対して、造成畑・造成田は立体構造が破壊されている場合が多く、削られた部分は乾燥しやすく、埋められた部分は湿害を受けやすいなど、土壌構造が破壊されていることが多い傾向にあります。

農機具があまり発達していなかった時代は、土壌構造に合わせて田畑を畦で区切って利用しました。しかし、近年、多くの圃場《ほじょう》は機械化に伴って原地形が無視され、畦が取り除かれて均一化、大規模化されました。このため、土壌表面は均一に見えるものの、土壌構造は不均一となっている場合が多く、これが地力の差となり、生産不安定の一因となっています。農業では、薄い作土層による栄養不良は化学肥料の施用などによって解決し、多肥による病害虫の発生は農薬によって防ぐなどの対策がとられました。大規模化によって生じた生産の不安定要因の多くは化学肥料や農薬によって克服されたのです。

しかし、家庭菜園では化学肥料や農薬を用いることが少ないため、本来の土壌構造を作る必要があります。

本田・本畑と同じような土壌構造を作る方法として、暗渠《あんきょ》の設置や耕起方法の工夫がありま す。まず、水はけの悪い菜園では暗渠を設置します。70㎝の深層暗渠、30㎝の浅層暗渠を別個に設置する方法と、深層・浅層暗渠を組み合わせる方法がありますが、土壌や栽培する作物に合わせて設置します（写真4－1）。

水の流れを考えて、傾斜に沿って、70㎝あるいは30㎝まで掘り下げ、ここにモミガラや乾燥した葦などを10㎝前後入れ、土を戻します。広い菜園の場合は、10m間隔で平行に設置します。

次に、耕起方法を工夫します。最近は、家庭菜園向けの小型耕耘機《こううんき》が10万円以下で販売されて

写真４－１　暗渠

おり、市民農園ではレンタルできるところもあります。そのため、使用する人も増えてきましたが、耕耘機によるロータリー耕は土壌を均一に耕起することは得意とするものの、逆に土壌構造を破壊します。そこで、下層は鋤《すき》（プラウ耕）で15～20㎝を粗く、中間層は鍬《くわ》（ロータリー耕）で5～10㎝をやや細かく、表層はレーキ（ハロー耕）で0～5㎝を細かく耕します。ゴロゴロ層（大粒）、コロコロ層（中粒）、ナメラカ層（細粒）の3層からなる土壌構造を作ることによって、水の縦浸透を助け、作物の根張りを良くします（図４－２）。これらは、手作業で行うこともできます。

化学肥料や有機物は、野菜の根が活躍する中間層に混合するため、2回目を耕す前に畑に散布します。有機物の施用量は土壌の種類や気温によって異なりますが、本州では10㎡あたり、15～20㎏を目安に施用します。

プランターや鉢栽培では、底に礫《れき》や水はけの良いバーク

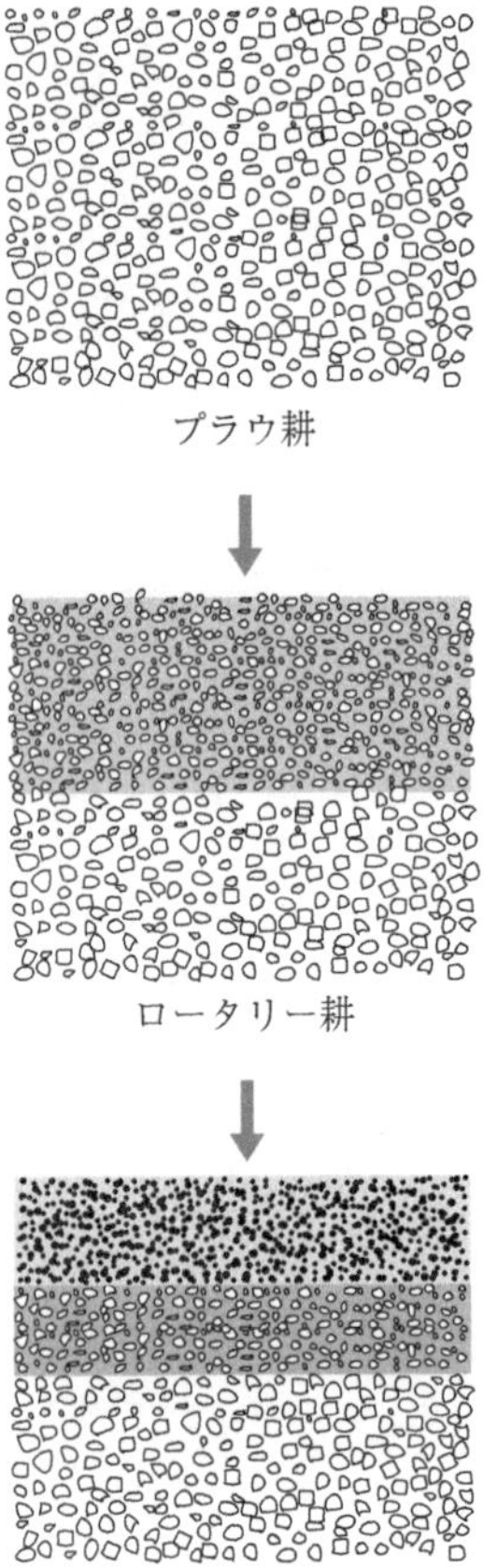

図4－2　耕起方法

などを入れ、次に完熟した有機物の混合された土を入れ、最後に細かい土を入れます。これも、畑の立体構造と同じ土壌環境をプランターや鉢の中に作るためです。

傾斜地や水はけの悪い畑では、エロージョン（土壌浸食）の防止や降水時の水の横移動を助けるため、明渠《めいきょ》（排水路）を設置します。傾斜の弱い畑では垂直方向で浅い明渠とし、傾斜の強い畑では土を流さないため水平方向で深い明渠とします。明渠の方向や深さは土壌の種類、水はけの程度、傾斜の程度、排水口などを勘案して決めます。写真4－2は大規模な畑の例ですが、家

写真４－２　明渠

庭菜園でも、傾斜や水はけによっては、小規模でも明渠を作ったほうがいいでしょう。

また、畑には畝を立てます。傾斜の弱い畑は水平方向の低い畝、水はけの悪い畑は垂直方向の高い畝、乾燥する畑は平畝など、気温、降水量、作物の種類、水はけの良否、栽培期間などに合わせて、高畝や平畝栽培を行います。さらに、外部から水の浸入する畑では、周囲に畦を作り水の浸入を防ぎます。

地力と地力窒素

ここまで「地力」という言葉を特に説明しないで用いてきましたが、少し説明しておきます。地力とは、以下の3つを総合したものをいいます。

（1）窒素、リン酸、カリウム、カルシウム、マグネシウムなどの主要な無機肥料や硫黄、鉄、銅、亜鉛などの微量要素が粘土鉱物に吸着あるいは水相に溶けた状態

(2) 堆肥などの粗大有機物が土壌粒子の間に混じった状態
(3) 部分的に分解された有機物(タンパク質、アミノ酸、糖類、糖タンパクなど)が粘土鉱物と結合した状態(腐植)、あるいはそれらが水相に溶けた状態

また、腐植は微生物や根酸などによって容易に分解される易分解性腐植と、それらによって分解されない安定した難分解性腐植に分けられます。

関連して説明しますと、「地力窒素」とは、気温が上昇して微生物活性が高まり、あるいは野菜が定植されて根酸が産生されたときに、無機肥料に分解される易分解性の腐植を指します。

春耕起、秋耕起は雑草を見て決める

農耕は土を耕すことを前提にしていますが、畑は耕す時期(温度)によって、土壌中の有機物の分解が異なりますので、春耕起と秋耕起ではまったく異なった反応を示します。春耕起は温度の上昇に伴って分解型微生物が繁殖しますので、有機物は分解され、無機化が促進されて作物の栄養が作り出されます。逆に、秋耕起は温度の低下に伴って合成型微生物が繁殖しますので、粘土鉱物とタンパク質などの有機物が結合した腐植が形成されて地力が増進されます。

気温が低く有機物の分解が遅い地域では、地力窒素を有効化するため春に耕します。気温が高く有機物の分解の速い地域や、地力が低い畑では、地力を高めるためや、消費(分解)される有

機物を補うため、有機物を投入して秋に耕起します。

不耕起はまったく耕さないのではなく、農作物の根が季節により伸長と枯死を繰り返すことによって、作物の根で土を耕す方法です。有機物分解の速い熱帯や、温帯の叢生栽培、果樹園、茶樹園などで利用されます。

また、耕起によって地力が増進した畑では、双子葉雑草が生えます。耕起によって地力の消耗した畑では、単子葉雑草が生えます。このため、前もって畑の雑草を調べ、これを指標に耕す方法を決めます。しかし、耕起方法と作物栄養、雑草制御について科学的にはほとんど未解明であるため、地力増進と維持、雑草の管理を含めた研究開発が必要です。

落ち葉をそのまま畑に施用するには

落葉樹林や公園などからは、冬期間に落ち葉、河川や田畑の畦畔《けいはん》からは草、田畑からは収穫残渣《ざんさ》を採集することができます。また、畜産からは糞尿が排出されます。これらの有機物は田畑に直接施用すると、障害を発生させる恐れがあるため、通常は分解（発酵）させてから田畑に施用します。分解され堆肥となった有機物は土壌全体に混和することができますが、ここでは未分解の有機物を、表層あるいは深層に施用しても障害を発生させない方法を紹介します。

なお、有機物とは堆肥を含め、窒素、リン酸、カリウムなどの肥料成分が少ない有機質資材であり、有機質肥料とはこれら肥料成分の高い、肥料取締法で認められた有機質資材を指します。

①落ち葉を表面に施用

畜産廃棄物はもちろんのこと、未分解の落ち葉や枯れ草を直接土壌に混和すると、(1)分解に伴って、植物の生育を阻害する物質が産生される、(2)分解に伴って土壌中の窒素が奪われ窒素飢餓現象を生ずる、(3)有機物によって水の移動が遮断され、根の伸長が抑制される、などの障害を生ずることが多々あります。障害を発生させず、有機物を未分解の状態で土壌に還元する方法に表面施用があります。

通常、有機物が堆肥化される際には、堆積されて低酸素状態で分解されますので、有害物質も産生されます。そこで、未分解の有機物は野菜の畝間土壌表面に散布します(写真4-3)。こうすると、土壌表面であるため、酸素供給が十分な状態で分解され、分解に伴って発生する有害物質の産生が少なくなります。また、たとえ有害物質が産生されても、降雨によって薄められ、障害を発生しない濃度になります。有機物の表面施用は野菜の敷き料になるとともに、野菜の収穫が終わるころには、ほどよく分解され、良質の堆肥になります。有機物は野菜の収穫後に土壌とよく混和し、次作の土壌改良や栄養分として活用できます。この方法は畝間の広いキャベツやハクサイなどの野菜に向きますが、バラまきあるいは畝間の狭いホウレンソウやコマツナなどの

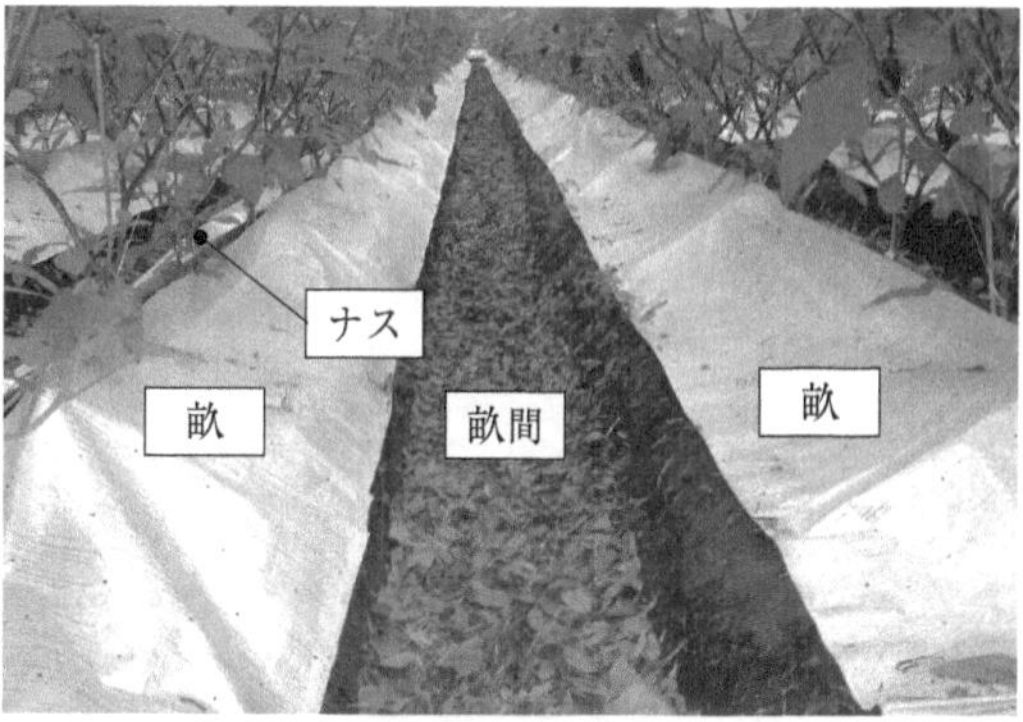

写真４－３　畝間に施用された未分解の有機物（落ち葉）。畝にかぶせられているのは、ナスの根を保護するためのポリエチレンのマルチ

野菜には不向きです。

②落ち葉や枯れ草を深層に施用

次は、分解を極端に遅らせ、障害の発生を抑える方法です。まず野菜を植える予定の畝に沿って、深さ40～60㎝の穴を掘ります。次に穴の底に落ち葉や枯れ草を踏み固めながら20～40㎝埋めます。最後に掘り上げた土を20㎝戻し、畝を作ります（図４－３）。

落ち葉や枯れ草は3～5年かけて徐々に分解され、野菜の肥料分となりますので、3～4年間は無肥料で野菜類を栽培することができます。なお、有機物は完全に未熟（分解していない状態）であることと、乾燥していることが重要です。もし完熟（分解）した場合や水分があると、有機物が固まり、水の縦浸透を阻害するので注意する必要があります。

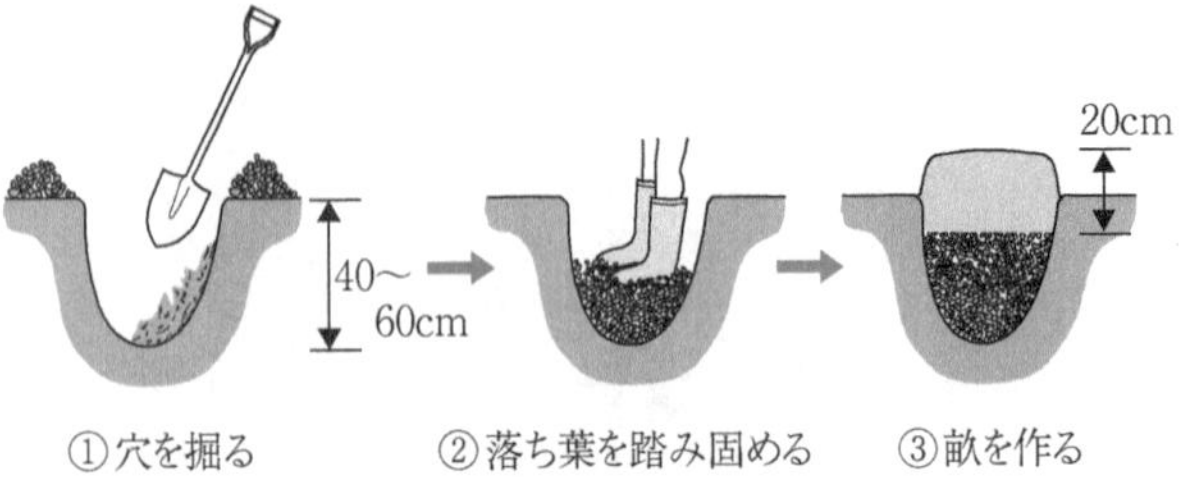

図4－3　有機物の深層施用

有機物を深層施用した畑は、有機物の分解に伴って熱を発生するため、冬期の寒いとき、他の畑に比べて地温が2～3℃高くなります。その影響で、霜柱が発生しないか、発生しても小さな霜柱になります。また、地温が他の畑より高くなるため野菜の生育がやや早まります。

なお、この方法はイチゴやトマトなど根の浅い野菜に向きます。また、ホウレンソウやナスのように根を深く伸ばす野菜類にも、地上部を収穫する野菜類には応用できます。ゴボウや長イモのように、深い位置に根を伸ばす野菜類は、肌荒れや枝根の原因になりますので深層施用は不向きです。

有機質肥料の施用方法

土壌の化学性には、粘土鉱物、腐植（土壌粒子と有機物が結合した物質）と、窒素、リン酸、カリウム、カルシウム、マグネシウムの主要な5つの肥料成分、硫黄、亜鉛、鉄などの微量要素があります。

粘土鉱物は、肥料分を化学的に吸着してためる役割があるので、地

表4－1　有機質肥料の成分（有機質肥料成分表より）　単位：％

有機質資材名	窒素	リン酸	カリウム	カルシウム	マグネシウム	炭素
コメヌカ	3.20	6.68	1.51	0.38	2.36	33.65
大豆油粕	7.72	1.69	2.22	0.40	0.48	32.95
菜種油粕	6.22	2.84	1.38	0.49	0.96	35.72
魚滓	9.75	8.54	0.47	0.09	0.37	35.53
肉滓	10.23	2.47	0.41	3.19	0.08	37.68
蒸製骨粉	5.30	21.30	0.12	51.42	0.74	21.75
カニガラ	4.24	5.34	0.22	47.33	1.83	14.42
フェザーミール	13.78	0.60	0.10	0.37	0.04	43.05

力に関係します。砂質で少なく、重粘土壌で多くなるので、砂質土壌では地力が低くなります。また、微量要素も植物にとって大切な養分です。粘土鉱物はゼオライトや粘土、微量要素は堆肥などで供給します。

窒素、リン酸、カリウム、カルシウム、マグネシウムは植物の主要な栄養素です。これらは、化学肥料あるいは、魚滓、コメヌカ、大豆油粕、菜種油粕、カニガラ、フェザーミールなどの有機質肥料で供給します。有機質肥料には表4－1に示したような成分が含まれていますので、野菜の種類や時期に合わせ、混合して施用します。なお、有機質肥料の詳細、施肥量などについては専門書が多数出版されていますので、そちらを参考にしてください。

①野菜ごとの肥料

野菜の種類によって、肥料成分の要求が異なります。ホウレンソウやコマツナなどの葉物野菜は窒素肥料を好むので、有機質肥料では菜種油粕や大豆油粕を施用します。キュウリやスイカなどの、つる性の野菜類はカリウムを好むため大豆油粕、イチゴやナスなどの果菜類はリン酸を好むため魚滓を多めに施用します。また、根の深いナスやホウレンソウは深い位置、根の浅いキュウリやイチゴは浅い位置に施用します。

②ボカシ肥料の作り方

有機質肥料の肥効を速めるためには、少し発酵（ボカシ）してから用います。発酵方法は野菜の種類、施用の時期などによって多少異なりますが、品目や時期を選ばないオーソドックスなボカシ肥料作りは次のとおりです。

山土5：大豆油粕2：コメヌカ2：カニガラ0・5：モミガラ0・5（全体を10とした場合の重量比）を混合し、握って崩れない程度に水を加えます。次にこれを風雨のあたらない場所に30〜50㎝で堆積させ、コモやムシロなどで覆い、湿度と温度を保ちます。3〜5日後には発酵に伴って温度が上昇します。7〜10日後に堆積された上下を混合（切り返し）します。このとき水分が不足している（握れない）場合は水を補給します。3〜4回切り返せば出来上がりです。なお、3回目の切り返しからは水分を補給しないで乾燥させると、保存が可能なボカシに仕上がります。発酵すると、肥料分は無機化され土に吸着されるため、有機質資材が無駄なく利用できます。また、肥効も長続きします。

有機質肥料は微生物の働きによって分解され、アンモニアになり次に硝酸に変化します。ネ

表４－２　施用方法による有機物の分解速度（遅＜速）

生を地中深く施用＜生を全層に混和＜ボカシを全層混和＜生を表層施用＜ボカシを表層施用＜生をすじ状あるいはツボ状施用＜ボカシをすじ状あるいはツボ状施用

ギ、ニラ、タマネギなどの単子葉野菜類はアンモニアを好み、キュウリ、トマト、コマツナなどの双子葉野菜類は硝酸塩を好みます。このため、単子葉野菜類はやや生で、双子葉野菜類はボカシ（硝酸に変化してから）を施用します。特にメロンやキュウリはアンモニアに弱いため、生の有機物を与えることは禁物です。

③施用方法によって異なる有機質肥料の肥効

有機質肥料は微生物に分解されてはじめて、野菜が肥料として吸収することができます。このため、前述のように、発酵（分解）させてから用いると速く肥効が発現します。また、発酵、未発酵にかかわらず、施用方法によって、土壌微生物の働きが異なるため、肥効も異なります。

有機物の分解には酸素を必要としますので、酸素が多いと速く、少ないと遅くなります。また、微生物によって分解されますが、微生物活性は有機物が多いと高くなり、少ないと低くなります。すなわち、酸素の供給が少ない深い位置や、微生物活性の低くなる全層施用は肥効が遅く、長くなります。逆に酸素が多い土壌表面や、微生物活性が高くなるすじ状やツボ状施用は肥効が速く、短くなります。

有機質肥料は表４－２のような順番で肥効を発揮します。このため、元肥は全層に混和して肥効を長く、追肥は表層にすじ状あるいはツボ状に施用して肥効を速めます。

水分管理は、野菜によって異なる

乾燥する土地に自生する植物にとって、水分の確保は生死を分ける重要な課題です。逆に、湿潤な土地に自生する植物にとって、水分は多すぎるか、むしろやっかいな存在でもあります。乾燥地に自生するスイカは根を深く伸ばし、水分の蒸散を抑える茎葉の構造があり、湿潤地に自生するサトイモは、親芋の上に小芋を作って根を浅く伸ばし、葉は水をはじく性質があるなど、植物は自生地のさまざまな条件に適応して進化してきました。

田畑には、砂地のように水持ちの悪い圃場、重粘土のようにまったく水が浸透しない圃場などがあります。このため、自生地の土壌条件に合わせるため、根の深いゴボウ、ナスなどの野菜は深耕、根の浅いキュウリ、トマトなどの野菜は根を守るワラや枯れ草などの敷き料、湿潤を嫌うジャガイモ、サツマイモなどの野菜は明渠や高畝による水はけ等の対策が必要となります。

土作りは、野菜の種類や栽培地域によって変える

①野菜の種類

ナス、オクラ、スイカ、ゴボウなどは深い位置に根を伸ばし、トマト、イチゴ、キュウリ、メ

表4－3　野菜類の根の深さおよび肥料の多少

野菜類の性質	野菜名
深根	ナス、オクラ、スイカ、ゴボウ
浅根	トマト、イチゴ、キュウリ、メロン
多肥	ネギ、キャベツ、シュンギク、ホウレンソウ
少肥	豆類、サツマイモ、ジャガイモ、サトイモ

ロンなどは浅い位置に根を伸ばします。サツマイモ、ジャガイモ、ヤマイモなどは有機物を嫌い、キャベツ、コマツナ、シュンギクなどは有機物を好みます。ネギ、ホウレンソウ、ビート、ムギは多肥を好み、豆類、サツマイモ、ジャガイモ、サトイモは肥料をほとんど必要としません（表4－3）。ネギ属など単子葉野菜は未熟（未発酵）な肥料を好み、ウリ類など双子葉野菜は完熟（発酵）を好みます。コンニャクやサトイモは厚い覆土を好み、ラッキョウ、ジャガイモは厚い覆土を嫌います。このように、野菜によって、土の好みは異なります。このため、耕す深さ、有機物の熟度や施用量、有機質肥料の種類など野菜の種類に合わせた土作りが必要になります。

②栽培する地域

温度の低い地域の土は黒く、温度の高い地域の土は赤い傾向があります。これは寒い地域では有機物の分解が遅いため腐植が集積し、暖かい地域では有機物の分解が速いため腐植が集積しないことを意味します。このため、気象条件によっても土作りは異なります。東北や北海道のように冷涼な地域では有機物の分解が遅れるため、完熟した有機物を少量（10m^2あたり10kg程度）施用します。逆に、九州や沖縄県のように暖かい地域では有機物の分解が速いため、やや未熟な有機物を大量に（10m^2あたり30kg程度）施用します。さらに、冷涼な地域では、有機物の分解を促進するため耕起回数を多くし、地力窒素の発現を良くします。逆に、温暖な地域では不耕起あるいは耕起回数を少なくし、有機物の分解を抑制し、地力窒素が発現しすぎないようにして地力の消耗を防ぎます。

4－2　土壌微生物の大きな役割

分解菌、共生菌、病原菌、その他の微生物

10a（1000m^2）の作土（作物の栽培に利用される土）は約100tといわれ、この土の中には700kg前後の生物が生息しています。内訳は、細菌が140～175kgで数が7京（7万兆）、糸状菌が490～525kgで長さが6500万km（月までの距離の170倍）、小動物が35kgです（1989年、西尾）。肉眼では観察できない微生物が土の中には重量比で0・7%生息していることになります。これらの土壌微生物は死滅すると、肥料成分となり、窒素成分で300～500kgに相当します。このように、野菜類を育てるうえで、土壌微生物は大きな役割を担っています。

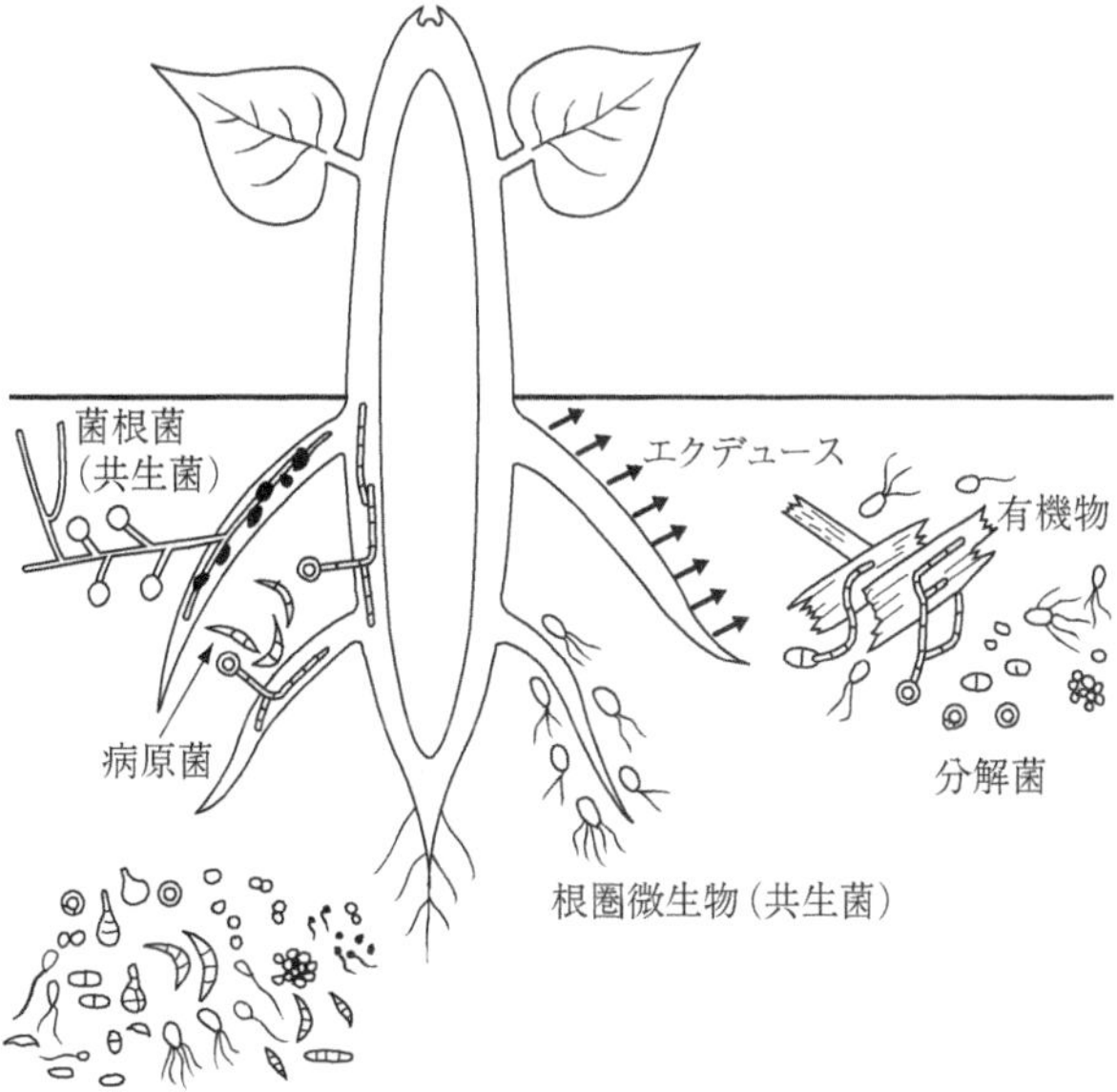

図４－４　さまざまな土壌微生物と作物の関係

土壌微生物は有機物を分解する分解菌、野菜の根に共生する共生菌、野菜に病気を発生させる病原菌、働きの不明なその他の微生物に分けられます。これらの微生物で人工的に培養できるのは１％、そのうち働きのわかっている微生物は10％です。すなわち、土壌中で働きのわかっている土壌微生物は０・１％であり、残り99・９％は働きのわからないその他の微生物です（図４－４）。

土壌微生物は、分解できる有機物、共生や寄生できる植物が決まっていて、好き嫌いがはっきりしています。このことは役にも立ちますが、害にもなることを意味しています。土壌微生物の餌は化学肥料ではなく、堆肥や収穫残渣などの有機物、葉からリーチング（浸出）された物質（乾燥すると葉縁が白くなる物質）、根からエクデュース（老廃物の排泄。根は養分や水分を吸収するばかりでなく、老廃物の排泄もします）された物質です。このため、土壌微生物の状態を改善するには、有機物を施用する方法と、植物の力を用いる方法があります。

以下では、おもな土壌微生物と、その状態を改善する方法をみていきます。

分解菌

畑には、さまざまな有機物が施用されますが、その多くは炭水化物であり、これらはリグニン、セルロース、キチン、タンニン、糖類とこれらを結合させるペクチンに分けられます（表4-4）。リグニンはバーク（樹皮）、木材チップ、オガクズ、モミガラに多く含まれ、セルロースはイナワラ、ムギワラ、枯れ草に含まれます。キチンはカニガラや廃菌床、タンニンは落ち葉、茶ガラ、糖類は収穫残渣や穀物、ペクチンは落ち葉、生草、収穫残渣に多く含まれます。これらを分解できるのが分解微生物（分解菌）であり、炭水化物の種類によってほぼ決まっています。

リグニンは担子菌類、セルロースは子のう菌類、キチンは放線菌類、タンニン、糖類、ペクチンは細菌類によっておもに分解されます。易分解性の糖類、ペクチン、タンパクの分解を第1次分解（軟腐敗）といいます。セルロースやキチンが分解されるのを第2次分解（褐色腐敗）、難

表４－４　有機物の種類と分解微生物

主な成分	有機物の種類	分解微生物
リグニン	バーク、オガクズ	担子菌類
セルロース	イナワラ、ムギワラ	子のう菌類
キチン	カニガラ、廃菌床	放線菌類
タンニン	茶ガラ、落ち葉	細菌類
ペクチン	収穫残渣、生草	細菌類

分解性のリグニンやタンニンが分解されるのを第３次分解（白色腐敗）といいます。第１次分解が２〜３週間、第２次分解が３週間〜３ヵ月、第３次分解が３ヵ月〜３年を要することが知られています。

畑に施用される堆肥は第２次分解が済んだ有機物です。畑に施用されてから２〜３年で完全に分解されます。一部は粘土鉱物と結合して腐植となりますが、ほとんどは水、炭酸ガス、窒素ガス、灰分に分解されます。

菌根菌

火山灰土には活性アルミナ（酸化アルミニウム）が多量に含まれているため、こうした土壌でリン酸肥料を施用すると、アルミナと結合してリン酸アルミニウムとなり、土壌中に蓄積されてしまいます。リン酸アルミニウムは不溶性物質で、水に溶けないため、せっかくのリン酸肥料を、植物は根から吸収することができません。このときに役に立つのがＶＡ菌根菌です。ＶＡ菌根菌は植物の根に共生して、土壌中に菌糸を伸ばし、リン酸などのミネラルや水分を効率よく吸収して植物に与えます（図４－５）。

菌根菌は、植物の根に共生する微生物の総称です。松の根に共生するマ

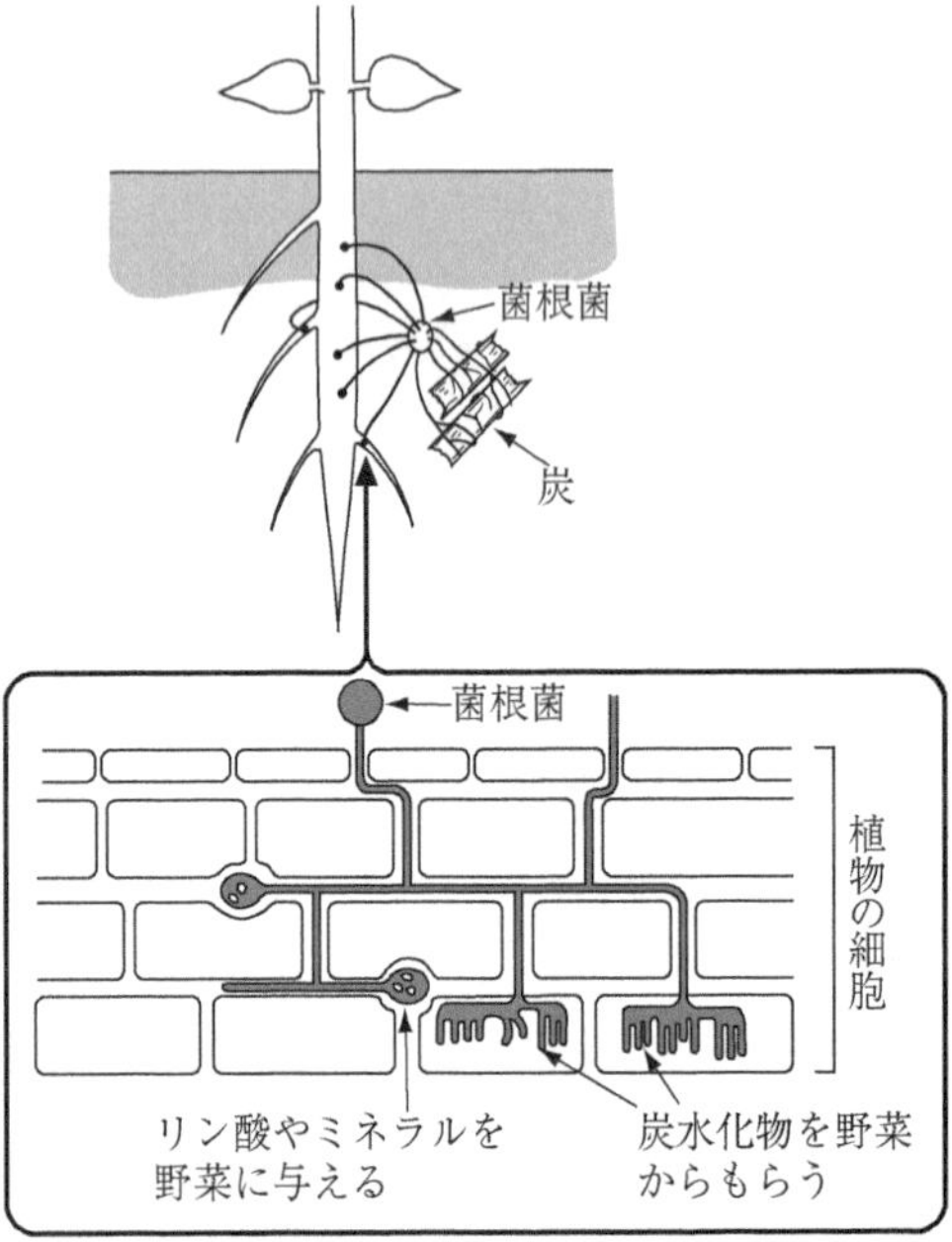

図4－5　菌根菌の生態

ツタケは有名です。菌根菌は菌糸が根を包む外生菌根菌と、菌糸が根の内部で伸長する内生菌根菌（アブスキュラー菌根菌）に大別されます。外生菌根菌にはキノコ類があり、内生菌根菌にはラン類に共生するラン菌、ツツジ・シャクナゲ類に共生するツツジ菌、多くの植物に共生するVA菌根菌などがあります（表4－5）。

菌根菌は野菜からエネルギー源として炭水化物の供給を受け、土壌中からリン酸やミネラルを集め野菜に与えるなど、野菜類と菌根菌は共存・共栄の関係にあります。菌根菌は一般的な土壌微生物

表4－5　菌根菌の種類と共生する植物

菌根菌の種類	共生する植物
ラン菌	ラン類
ツツジ菌	ツツジ、シャクナゲ
VA菌根菌	植物全般（水生植物、アカザ科、アブラナ科を除く）
マツタケ	アカマツ

との競合には弱い菌であるため、有機物が豊富で微生物活性の高い土壌には繁殖できません。また、肥料や農薬が多投入された圃場では繁殖しがたい傾向にあります。そこで、菌根菌を活性化するためには、栄養分をほとんど含まず、一般的な土壌微生物が繁殖しにくい資材を用います。

資材としてよく用いられるのは、炭やくん炭です。木材やモミガラを焼いたもので、栄養分はほとんど含まず、熱で殺菌されているため、微生物もほとんどいません。さらに、燃焼しやすい部分が燃え、燃えにくい部分が残った多孔質であるため、競合に弱い菌根菌のシェルターになります（図4－5）。

炭やくん炭は、10m²あたり4kg以下であると効果は発現せず、15kg以上であると障害を発生させます。このため、10m²あたり4～15kgを土によく混和します。こうすると、菌根菌は競合する微生物が多い場合や野菜が生育していない時期は炭を棲《す》み処《か》（シェルター）にし、競合が少なくなると野菜と共栄関係を結びます。菌根菌が共栄した野菜類はリン酸やミネラルの供給を受けて生育が促進されます。また、菌根菌の刺激で病害虫に対する抵抗性が誘導されます。

窒素固定菌

窒素固定菌とは、大気中の窒素を取り込んで有機物に変える微生物です。野菜類と共生する窒素固定菌にはダイズ、インゲンマメ、クローバー、クロタラリアなどのマメ科の根に共生する根粒菌、水稲の組織内や根面に共生するハーバースピリラムやアゾトバクター、ハンノキやヤマモモに菌根を作る放線菌の一種であるフランキュア、サツマイモやサトウキビの組織内に共生するアゾスピリラム、木質を餌とするシロアリや甲虫類の腸内に共生する細菌類などが知られています（表4－6）。

①根粒菌

マメ科の根に共生するのが根粒菌です。窒素固定菌の多くは野菜類と相利共生（互いに助けあう関係）ですが、根粒菌はマメ科の細胞と共生器官を作り（バクテロイド）、空気中の窒素を植物が利用できる形（有機物）に固定して植物に供給します。また、植物は炭酸ガスを同化した炭水化物を根粒菌に与えるなど、マメ科と根粒菌は共存・共栄の関係にあります。

根粒菌は宿主特異性が強く、ダイズの根粒菌はダイズにのみ共生し、他の豆類には共生できません。また、宿主特異性は品種によっても異なるといわれ、同じマメの種類でも品種が異なると共生できないことが知られています。

②組織内共生菌

植物組織内に共生する微生物の存在は最近明らかにされたばかりです。そのため、植物と組織内共生菌の関係はまだよくわかっていません。第7章でも触れますが、健全なシクラメン、サツマイモ、サトイモ科（アンスリウム、サトイモ、コンニャク）などの組織内に多くの微生物が存在しています。

水稲の組織内や根の表層面にはハーバースピリラムやアゾトバクター、サツマイモやサトウキビの組織内にはアゾスピリラムが共生します。ハーバースピリラム、アゾトバクター、アゾスピリラムは窒素を固定する能力はありますが、栄養学的に植物に対する寄与率は定かではありません。

③フランキュア

フランキュアとは、植物の根に菌根を作って共生し、窒素を固定する能力のある放線菌に属する微生物の総称です。人工培養が困難であるため、生態については、ほとんど未解明です。

ハンノキ、ヤマモモ、サージ、グミなどの根にはフランキュアが菌根を形成して共生します。

これらの植物は荒れ地に最初に根を下ろすことができるため（パイオニアプランツ）、窒素を固定するフランキュアが大きな役割を担っていると考えられています。サージは、中国北西部の砂漠周辺で緑化木として利用されています。

④昆虫腸内共生菌

昆虫の腸内には多くの微生物が共栄することが知られています。クワガタムシやカブトムシなど甲虫類、シロアリなどは窒素成分をほとんど含まない木材を餌として繁殖することができますが、これら昆虫の腸内には窒素を固定する微生物が共栄しているためと考えられています。窒素をほとんど含まないバーク（樹皮）だけで堆肥を作ると、発酵期間は長くかかるものの、なぜか窒素を十分に含んだ堆肥が出来上がります。この現象はバーク堆肥で繁殖する甲虫類が深くかかわっていると考えられています。

根圏微生物

植物は根から養分や水分を吸収しますが、同じように老廃物もまた根から排泄します。排泄された老廃物は根の周囲に生息する微生物（根圏微生物）によって分解され、再び植物が利用できる形に変換されます。このように、根圏微生物は生態系（田畑）における物質循環の大きな役目

表4－6　窒素固定菌と共生する動植物

窒素固定菌の種類	共生する動植物と部位
根粒菌	マメ科植物の根
ハーバースピリラム	水稲の組織内
アゾトバクター	水稲の根面
アゾスピリラム	サツマイモやサトウキビの組織内
フランキュア	ハンノキ、ヤマモモ、サージ、グミの根
昆虫腸内共生菌	甲虫類、シロアリ

を担っています。細菌、放線菌、糸状菌などの微生物が根圏に繁殖し、いちばん数が多いのは細菌類であり、植物の健全生育に大きな役割を担っています。

植物の根から排泄される物質は微生物や小動物の餌となりますが、逆に微生物や小動物の生育を抑える働きもあります。植物の種類によって、根から排泄される物質は異なり、排泄物を分解して利用できる根圏微生物も植物の種類によって異なります。

たとえば、シュードモナス・フローレッセンスは多くの植物の根圏微生物として知られていますが、単子葉植物に共生するシュードモナス・フローレッセンスと双子葉植物に共生するシュードモナス・フローレッセンスは系統が異なり、相互に共生できません。植物の種類ごとに根から排泄される物質が異なるため、これを分解できる微生物も異なり、植物ごとに系統の異なった根圏微生物が繁殖すると考えられています。

また、根圏微生物には片利共生と相利共生があるため、根圏微生物イコール善玉菌とは限りません。片利共生のフザリウム菌やリゾクトニア菌などの土壌病病原菌も、根圏微生物の一種に含まれます。

表4－7　土壌動物の区別と種類

区別	種類
大型土壌動物	哺乳類（モグラ、ネズミ）、爬虫類（ヘビ、トカゲ）、両生類（サンショウウオ）、軟体動物（カタツムリ類、ナメクジ類）、環形動物（大型ミミズ、陸生ヒル）、節足動物（ムカデ類、ヤスデ類）
中型土壌動物	トビムシ類、ササラダニ類、ムカデ、ヤスデ、エダヒゲムシ、クモ類、ワラジムシ、ダンゴムシ、センチュウ類、ヒメミミズ
小型土壌動物	ワムシ、ケンミジンコ類、原生動物

土壌動物

土壌の中に生活する動物の総称であり、大型、中型、小型土壌動物に分けられます。数cm以上の大型土壌動物にはモグラやネズミ類（哺乳類《ほにゅう》）、ヘビやトカゲ（爬虫類《はちゅう》）、サンショウウオ（両生類）、カタツムリ類やナメクジ類（軟体動物）、大型ミミズ類や陸生ヒル類（環形動物）、ムカデ類やヤスデ類（節足動物）など。1㎜～数cmの中型動物にはトビムシ類、ササラダニ類、ムカデ類、ヤスデ類、エダヒゲムシ、クモ類、ワラジムシ、ダンゴムシ、センチュウ類、ヒメミミズなどで、特にトビムシ類とササラダニ類の数が多い傾向にあります。1㎜以下の小型動物にはワムシ、ケンミジンコ類、原生動物などが知られています（表4－7）。

自然生態系では、植物によって生産された有機物が、鳥や昆虫などによって餌として消費される量は少なく、枯れるなどしてから土壌動物によって分解される量がほとんどです。土壌動物は有機物の第1次分解者として、大きな役割を担っています。同じように農地生態系においても、土壌動物は収穫残渣や投入された有機物の重要な第1次分解者と考えられます。このため、有機物の施用は、野菜だけでなく土壌動物に餌を与えて育てることにもなります。

未熟な有機物の大量投入はコガネムシの幼虫やネキリムシなど野菜の害虫の餌にもなり、益虫ばかりでなく、害虫を発生させ、野菜類に被害を与える場合もあります。害虫は野菜を食害する能力があるため、未熟な有機物を好み、益虫は腐植を餌とするため、完熟した有機物を好みます。有機物は熟度や量に注意して施用する必要があります。

4－3　育苗床の土作り

苗床と本圃の土作りは本質的に異なります。苗床から本圃に移植する野菜類は、播種床や育苗床の土作りが必要になります。

野菜類が発芽するには、温度、水、酸素が必要です。これらの条件は農家が用いる場合と同じです。しかし、播種床・苗床の土作りはプロの農家を前提に開発された技術であるため、それをそのまま家庭菜園で用いると、移植時期や追肥の時期などによって、生育遅延や栄養不足などの障害を発生させる恐れがあります。そこで、家庭菜園向きの播種床・育苗床の土作りが必要になります。

家庭菜園向けの播種床・育苗床

種子は発芽するための養分を持っているため、播種床は栄養分をほとんど必要としません。ただし、親からの従属栄養（種子に含まれる栄養分）を経て野菜自身での独立栄養になると、肥料分が必要になります。この時期は野菜の種類によって多少異なりますが、本葉0・5〜3枚の時期です。

播種床と育苗床が同じである場合と異なる場合によって、土作りも変えます。播種と育苗が同じである場合は、完熟した有機物を混和した用土を育苗用ポットに詰め、次に表面3㎝に肥料分を含まない土を入れます。こうすると、発芽初期、発芽に不必要な栄養分は下層にあるため働かず、栄養分が必要になるころには、栄養分のある位置まで野菜は根を伸ばします。播種と育苗が異なる場合は、播種床は無肥料の用土をセルトレーに詰め、これに播種します。本葉0・5〜3枚の時期に、完熟した有機物を混和した用土を詰めたポットに移植します（写真4－4、写真4－5）。

いずれの場合も播種後は十分に水を与えて発芽揃いを良くします。また、発芽後は土壌表面が乾いたら（白くなったら）、灌水《かんすい》します。特に本葉展開後は根をポットの土全体に伸長させるため、灌水はやや控えめにします。

低温時の育苗技術（踏み込み温床）

栽培期間の拡大のため、生育温度に満たない温度の低い時期に苗を育成する技術です。電熱温床を用いる方法もありますが、それを有機物の分解によって発生する熱に代えた方法で、踏み込み温床といいます。

落ち葉や枯れ草にコメヌカを5％前後混和し、握って水気を感じる程度に水分を調整して、足で踏みつけながら堆積させます。この時、鎮圧が少ないと発酵しないので、強く踏み込む必要が

写真4－4　キャベツのポット苗

写真4－5　ナスのセル苗

あります。堆積する高さは微生物が繁殖して熱を出すため30㎝以上必要で、冷涼な地域では、熱の発生と飛散を考え、50㎝以上にします。

踏み込み温床の周囲はワラなど通気性の良い資材で囲います。周囲から入ってくる空気の量で、発酵の継続期間を調整できます。最後に表面を5㎝前後、土で覆います。踏み込み後、2週間前後で熱が発生しますので、熱が発生したら利用します。この時、温床に直接播種あるいは移植すると、発酵によって障害を生ずることがありますので、根が直接温床に触れないように、播種した苗箱や移植したポットを温床の上にのせて用います。

踏み込み温床は有機物の分解が終わると、温度が低下します。使い終わった温床の有機物はよく分解されていますので、次作の良質な育苗土になります。毎年、踏み込み温床を作ると、育苗用土の心配がなくなります。

4-4　菜園内で物質循環を活性化させる

緑肥を栽培する

植物は土壌中から吸収した水や養分のすべてを利用するわけではなく、不要になった物質を根からエクデュース、葉からリーチングします。また、農作物は圃場からすべて持ち出されるのではなく、収穫残渣として根や茎葉が圃場に残されます。これらの有機物は土壌微生物によって分解され、再び野菜類が利用できる無機物に変化します。

圃場内の物質循環を活性化するためには、土壌微生物の働きを促進する必要があります。このため、畑は裸地にせず、植物を繁殖させることが大切になります。冬期間は野菜作りに向かない季節であるため、裸地になりやすい傾向があります。そこで、エンバクやライムギのような麦類や、クローバーやヘアリーベッチのような豆類などを、緑肥として栽培します。緑肥とは、栽培した植物を、収穫せずそのまま田畑に鋤《す》きこんで、後から栽培する作物の肥料にすることを指します。

また、場合によっては雑草を繁茂させます。雑草には表４－８に示したような養分が含まれていますので、緑肥と同じように土作りにも役立ちます。植物（雑草含め）が繁殖している畑は気温の変化が少なく、土が乾燥から守られるため、微生物の活性が高く、有機物の分解が促進されます。また、微生物の働きによって、植物のない畑より土壌温度が高くなります。

4－5　家庭菜園のための土壌診断

5つの診断方法

家庭菜園では畑を借りる場合が多いため、それぞれの畑に合った土作りが必要です。このため、野菜を栽培する前に、土壌診断をしますが、診断には次の5つの方法があります。

①圃場の来歴

借用した畑では持ち主や前の借り主に、次のような内容を聞き取ります。本畑・造成畑の区別、水はけの良否、栽培された野菜の種類、収量、病害虫の発生状況、投入された有機物の種類と量などです。ほとんどの場合、この聞き取りで、今後の土作りに必要な情報が得られます。

②土壌断面構造

土壌を70㎝前後掘り、土壌に含まれる有機物の有無や分解程度、根の伸長域（深さや量）、土壌の粒径などについて断面を観察します。土壌断面には耕起方法、水の縦浸透、これまでの栽培歴などたくさんの情報が刻まれていますので、①で聞き取った内容を土壌断面の観察で確認します。

表４－８　主な雑草と緑肥の栄養成分（2007年、清水）　単位：％

植物名	窒素	リン酸	カリウム	カルシウム	マグネシウム
ギシギシ	3.82	2.82	22.46	3.41	1.46
フキ	2.93	1.91	21.12	5.69	1.80
ヨモギ	4.10	2.98	30.68	4.13	0.69
タンポポ	3.53	2.61	21.00	5.10	0.99
アレチノギク	3.43	3.06	13.48	10.91	1.20
カミツレ	3.38	2.98	19.74	7.77	1.31
オオイヌノフグリ	2.08	1.55	14.77	4.60	1.26
クローバー	4.34	2.21	17.77	7.72	1.31
アルファルファ	4.58	2.62	15.30	4.55	1.03
ムギ	2.18	1.65	13.01	1.28	0.54

③叢生の違いによる診断

雑草は土作りの程度によって、ハマスゲ、メヒシバ、エノコログサなどの痩せ地型草種から、ホトケノザ、ハコベ、ミミナグサなどの肥沃型草種へと遷移します。一般的には単子葉草種は痩せ地、双子葉草種は肥沃地に繁殖します。このように、繁殖する草を観察することで地力が判断できます。単子葉雑草が多い場合には土が痩せているため、堆肥や肥料を多めに施用し、双子葉雑草が多い場合には控えめにします。

主な野菜類と指標雑草は、キャベツにはノボロギクやハコベ、コマツナにはシロザやアカザ、トマトにはムラサキカタバミなどを目安に栽培する野菜を選定します。

④野菜の生育による診断

野菜類は土壌の性質によって異なった反応を示します。

ホウレンソウは酸性に弱いため、ホウレンソウの育ちが悪い畑は酸性と診断します。また、アブラナ科野菜類は吸肥力が強いため、キャベツやコマツナが育つ畑は肥沃な畑と診断します。その他、ダイズは湿害に弱く、サツマイモは乾燥に強いなどの感受性を利用し、野菜の適地を診断します。

叢生や指標植物による土壌診断は植物を用いるため、次の化学分析による診断より正確な診断技術であり、特に家庭菜園では手軽に行える方法です。

⑤化学分析による診断

窒素、リン酸、カリウムなどの無機成分、土壌の種類などを実験室で化学分析によって調べる方法であり、近くの農業改良普及所やＪＡに土を持参すれば診断できます。また、最近、家庭でも簡易に土壌診断できるキットが販売されていますので、これを利用するのも一つの方法です。

第5章 病害虫から作物を保護する

5-1　病害虫はどうして発生するか

自然界の病害虫制御システムを活用

病害虫はどうして発生するのでしょうか。病原菌を大量に培養し、あるいは、害虫を大量に飼育し、これを野菜に直接散布（接種）しても病害虫による被害は発生しません。植物の体質が弱く、気温、湿度、光線などの環境条件が病害虫の発生条件に合致したときにのみ病害虫は発生します。このとき、病害虫を主因、病害虫にかかりやすい体質を素因、環境を誘因といいます。

病原菌や害虫（主因）がいなければ、野菜の体質が弱く病気の発生しやすい環境条件でも病害虫は発生しないことは、誰にでも理解できます。しかし、「素因や誘因が完全でないと主因（病害虫）は発生しない」と思う人は少ないと思います。

たとえば、素因の例として、イチゴの重要な病害の一つの炭疽《たんそ》病を考えてみます。病原菌を感染密度に（数を多く）して、温度、湿度、光などの環境条件を完全にしても、窒素肥料を与えず育苗したイチゴには病原菌は感染することができません。窒素肥料を与えられて育ったという体質（素因）がなければ感染しないのです。また、誘因の例では、ナス青枯病は感染に十分な密度にした病原菌を、多肥で栽培した千両2号（罹病性品種）に接種しても18℃以下では感染できません。18～23℃では、病原菌はナスの組織内で増殖しますが、発病できないのです。発病には23℃以上の温度（誘因）が必要です。

このように、作物保護の基本は主因、素因、誘因の3要因を制御することにあります。主因を少なくする方法として、農業では農薬やそれに類似する資材が使用されていますが、家庭菜園では自然界に存在する病害虫制御システムを最大限に活用します。素因では適期・適地に努めるとともに、過不足のない栄養管理を行い、野菜を害虫に寄生されないあるいは病原菌に感染しない体質にします。また、病害虫に強い抵抗性品種や抵抗性台木（後述）を積極的に利用します。誘因では病害虫の発生しにくい環境条件を作るため、野菜の種類に合わせた作付け、紫外線カットフィルム（紫外線をカットすると、一部の病原菌は胞子を作ることができない：灰色かび病菌、炭疽病菌など）、シルバーストライプマルチ（反射光を嫌い、害虫が忌避される）、雨除け、高畝などの設置による栽培管理を行い、病害虫の発生しにくい環境を作ります。

5-2　害虫・益虫・ただの虫

すべてが害虫ではない

虫はすべてが害虫のように感じる人もいると思いますが、そうではありません。虫は人間生活にとって都合の悪い「害虫」、都合の良い「益虫」、直接関係のない「ただの虫」に分けられます。ヨトウムシ（ヨトウガの幼虫）やアオムシ（モンシロチョウの幼虫）など野菜を食害するものを害虫、テントウムシやクモなど害虫を捕食するものを益虫、ダンゴムシやヤスデなど有機物を餌としているものをただの虫に分けていますが、これはあくまで人間の都合です。

自然界では、食物連鎖によって生態系が成立しています。木々を食害する虫（テッポウムシなど）がいなければ、これを餌とするアオゲラやコゲラなどの鳥類は繁殖することはできません。また、アブラムシやハダニなどの害虫が発生するため、これを餌にするテントウムシやハネカクシなどの「天敵」が繁殖することができます（写真5-1）。さらに、生育不良や病害虫が原因で果実や葉が地面に落ちると、それを餌にするダンゴムシやササラダニなどが繁殖します。

自然生態系ではこれら多くの種類の虫がせめぎ合い、助け合い、餌となって調和しているた

写真5－1　アブラムシを食べるテントウムシの幼虫

め、特定の虫だけが大量に繁殖することはありません。しかし、農業は同じ作物が同じ畑に大量に栽培されるため、餌の関係から特定の虫だけに有利に働き爆発的に繁殖することがあります。自然生態系のように、多種多様な虫が繁殖する畑にすれば、病害虫による被害は少ないと考えられます。

こうした考え方で作物を保護するために、害虫を餌にする「土着天敵」を利用します。土着天敵は、その地域にもともといる害虫の天敵です。

土着天敵

殺虫剤の大量散布は殺虫剤の効かない害虫を生み、さらに、薬剤を散布すればするほど、産卵数が増加し、孵化《ふか》率が向上します。その結果、害虫が殺虫剤を散布する前より多くなる現象（リサージェンス）を生じました。この現象を回避し、農薬に代わって害虫を

表5－1　日本の土着天敵

病害虫名	作用	天敵名
ダニ	捕食	カブリダニ類、ハネカクシ類
アブラムシ、ダニ	捕食	タカラダニ類、タマバエ類
アブラムシ	捕食	テントウムシ類、クサカゲロウ類、ヒラタアブ類
アブラムシ	寄生	アブラバチ類
アザミウマ	捕食	ヒメハナカメムシ類
多くの害虫	捕食	クモ類、カマキリ

防除する手段として、害虫を餌とする多くの天敵が海外から導入されました。ダニを捕食するチリカブリダニやククメリスカブリダニ、オンシツコナジラミに寄生するオンシツツヤコバチなどです。

一方、日本にも害虫を餌とする多くの土着天敵が繁殖しています。ダニを捕食するカブリダニ類やハネカクシ類、アブラムシやダニを捕食するタカラダニ類やタマバエ類、アブラムシを捕食するテントウムシ類やクサカゲロウ類やヒラタアブ類、アブラムシに寄生するアブラバチ類、アザミウマを捕食するヒメハナカメムシ類、多くの害虫を捕食するクモ類などが日本に生息しています（表5－1）。

これらの土着天敵を繁殖させるには、土着天敵の餌となる虫と、虫を繁殖させる植物が農作物の近くに必要となります。ヨモギ、ソルゴー、エンバク、コスモス、ヒマワリなどで、こうした植物をバンカープランツといいます（写真5－2）。土着天敵とその餌である虫が繁殖している植物を指しますが、それらがいない植物も、栽培された後、土着天敵を温存あるいは繁殖させる場合は、バンカー

写真5－2　畑の周囲に配置されたコスモス（手前）

プランツとして扱われます。

たとえば、ヨモギにはヨモギハムシやヨモギヒゲナガアブラムシなどが寄生し、これらは土着天敵の餌となります。しかし、多くの野菜類には、ヨモギに寄生するこれらの昆虫は寄生しません。また、ネギやニラにはネギヒゲナガアブラムシが寄生しますが、多くの野菜類には寄生しません。

このような寄生性の関係から、使用される野菜は異なります。野菜類とバンカープランツの組み合わせはさまざまで、詳細は第6章を参照してください。

土着天敵を保護するため、殺虫剤の散布も、極力ひかえるか、あるいは土着天敵への影響が少ない薬剤が用いられるようになってきました。

5－3　病原菌と、それを抑える拮抗微生物

地球上で最も種類の多い生物は微生物ですが、その多くの生態は

表5－2　主な野菜類の病害

野菜類名	病害の種類	主な病害名	主な症状
トマト	土壌病害	萎ちょう病	導管が閉塞し、萎ちょうする
	地上部病害	葉かび病	葉に褐色の斑点を生じ、生育が悪くなる
キュウリ	土壌病害	つる割病	導管が閉塞し、萎ちょうする
	地上部病害	うどんこ病	葉にうどん粉を着けたような斑点を生じる
ナス	土壌病害	青枯病	導管が閉塞し、萎ちょうする
	地上部病害	褐斑病	葉に褐色の斑点を生ずる
キャベツ	土壌病害	根こぶ病	根にこぶを生じ、萎ちょうする
	地上部病害	白斑病	葉にうどん粉を着けたような斑点を生ずる
ホウレンソウ	土壌病害	萎ちょう病	導管が閉塞し、萎ちょうする
	地上部病害	べと病	葉に褐色の斑点を生ずる
ネギ	土壌病害	黒腐菌核病	鱗茎が黒色に腐敗する
	地上部病害	黒斑病	葉に黒色の斑点を生ずる
ジャガイモ	土壌病害	そうか病	ジャガイモの肌がザラザラになる
	地上部病害	疫病	葉が水浸状に腐敗する
ダイコン	土壌病害	萎黄病	導管が閉塞し、半身に葉が黄化萎縮する
	地上部病害	白さび病	葉にうどん粉を着けたような斑点を生ずる
ニンジン	土壌病害	線虫病	根にこぶを生ずる
	地上部病害	黒葉枯病	葉が黒色に腐敗する

未解明です。役目のわからないただの微生物が圧倒的な数を占め、病原菌と拮抗微生物（拮抗菌）はほんのわずかです。しかし、農作物を栽培する場合、病原菌と拮抗微生物はきわめて重要な存在です。

病原菌の性質と防除法

野菜類に病害を惹起する病原菌には、ウイルス、細菌、糸状菌、センチュウがあり、糸状菌が最も多くの病害の発生原因となります。

病害は発生する部位や伝染方法から、（1）土壌病害（土壌伝染）、（2）地上部病害（空気伝染）、（3）種子伝染性病害に分けられますが、地上部病害が最も多く、次いで土壌病害であり、種子伝染性病害はほんの一部です。また、根こぶ病菌やさび病菌のように生きた植物だけに寄生する「完全寄生菌」と、萎ちょう病菌や疫病菌のように、植物に寄生しますが有機物も分解して繁殖できる「腐性生活菌」に分けられます。さらに、リゾクトニア菌やピシウム菌など多くの野菜に病気を起こす「多犯性菌」とフザリウム菌やうどんこ病菌など品種が異なると寄生できない「宿主特異菌」に分けられます。病害の防除ではこれら病原菌の性質を利用し、土作り、種子消毒、抵抗性品種、輪作などの防除対策が講じられます（表5－3、表5－4）。

表5－3　病原菌の分類

区分	病原菌の性質
伝染方法	土壌伝染、空気伝染、種子伝染
寄生性	完全寄生菌、腐性生活菌、宿主特異菌

表5－4　病原菌の性質と防除法

性質	防除方法
土壌伝染	土作り、土壌改良材、土壌消毒
種子伝染	種子消毒、採種方法
空気伝染	雨除け、農薬
腐性生活菌	圃場衛生、農薬
宿主特異菌	抵抗性品種、輪作、土壌消毒

病原菌を抑える拮抗微生物

拮抗微生物（拮抗菌）とは、病原菌を抑える働きのある微生物の総称で、メカニズムから①抗生、②寄生、③競合、④抵抗性誘導に分けられます。

①抗生

微生物はなんらかの抗菌物質を産生して病原菌を抑えます（写真5－3、5－4）。バークホーデリアが産生するピロールニトルリン、シュードモナスが産生するシデロフォア、バシラスが産生するバシラシンなどが知られています。

②寄生

微生物に寄生する微生物（菌寄生菌）のことで、多くの糸状菌に寄生するトリコデルマ、うどんこ病に寄生するアンペロマイセス、センチュウに寄生するバーティシリウムなどが知られています。

③競合

病原菌と栄養や棲《す》み処《か》を競合する微生物のことで、シュードモナス属細菌など多くの根圏微生物にその働きがあります。

④抵抗性誘導

微生物の刺激により植物が病害に対して抵抗性を誘導することで、非病原性フザリウムやエルウィニア、根圏微生物、菌根菌、健全な植物の組織内に生息する内生菌などが知られています。

①の抗生作用を示す微生物は医学分野の薬学部門で研究が進み、ペニシリンやテトラサイクリ

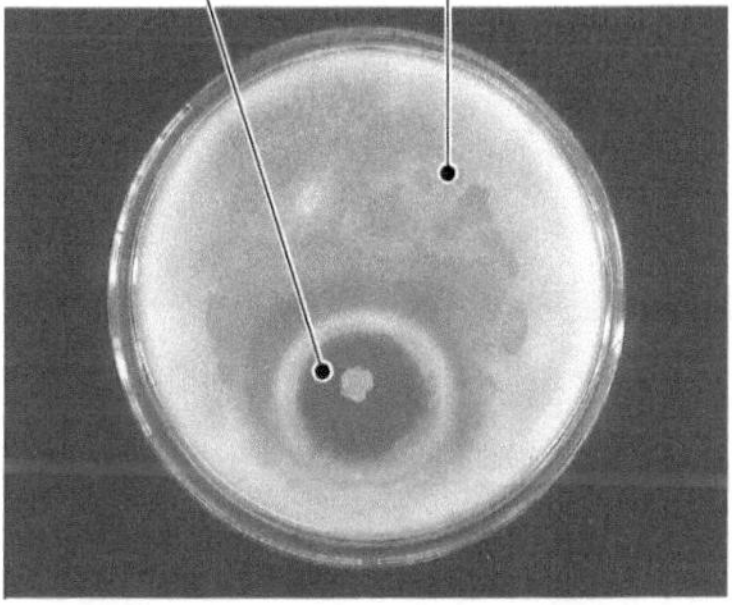

写真5－3　カビに対する抗菌活性

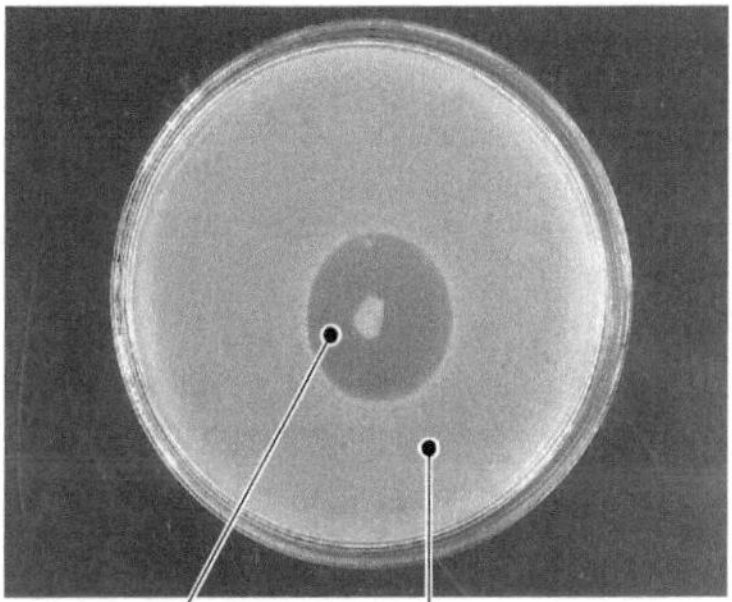

写真5－4　細菌に対する抗菌活性

表5－5　拮抗微生物の種類とメカニズム

作用	微生物の種類	メカニズム
抗生	バークホーデリア、シュードモナス	抗生物質を産生する
寄生	トリコデルマ、アンペロマイセス	病原菌に寄生する
競合	シュードモナス、根圏微生物	病原菌と栄養を競合する
抵抗性誘導	非病原性フザリウム、菌根菌、内生菌	植物に抵抗性を誘導する

ンなど多くの抗生物質が発見され、利用されてきました。最近農学においても研究開発が進みました。しかし、植物の場合、動物と異なり、使用方法が難しく、防除効果を発揮する方法の研究途上です。

②の寄生性を示す微生物は直接病原菌に作用するため、メカニズムや効果がわかりやすく、トリコデルマ菌が生物農薬1号として登録されています。

③の競合や④の抵抗性誘導作用を示す微生物は、科学的解明は進んでいないものの、土作りとして利用され、多くの土壌改良資材が開発・販売されています。しかし、防除資材として農薬登録がないため、公的研究機関による実験例が少なく、防除効果も判然としないほか、偽物も数多く販売されています。

5－4　草と共栄する栽培方法

植物は利用価値の明らかになっている「食料植物」や「益草」、

利用価値の明らかでない「ただの草」、作物を栽培する場合害になる「雑草」に分けられます。

農業では栄養や生育環境の競合などから農作物以外の植物は雑草と考え、すべてを取り除くことを原則にし、多くの除草剤が開発されました。しかし、農作物に大きな害を与える強害雑草は意外と少なく、繁茂してもほとんど農作物に害を与えない草が多いです。このため、草と共栄する叢生栽培や共栄植物として利用されている草も数多くあります。

叢生栽培

草を雑草と考えずに、カバープランツ（地被植物）や緑肥に利用するとの考え方で、放任栽培とは異なります。叢生栽培では生育してきた草をそのまま残す方法と、相性の良い草を残す方法があります。草や作物は自己を繁殖させるため、自己にとって都合の良い植物とは共栄し、都合の悪い植物は排除します。このため、選択しないですべての草を残す場合も、選択した草を残す場合も、やがて、キャベツとハコベやコマツナとシロザのように、野菜とその野菜に選ばれた草だけが残る共栄関係になります。これを、耕地生態系の極相（クライマックス）と呼びます。

叢生栽培は早く極相に近づけるため、原則として不耕起栽培の連作で行います。不耕起栽培や連作は植生を攪乱《かくらん》することが少ないためです。なお、耕起や輪作する場合でも、秋耕起・春耕起などの耕起方法、草の選択的除草、土作り、ムギ・ダイズの輪作などの組み合わせによって叢生栽培は可能です。

共栄作物（共栄植物）

共栄作物とは、狭義の解釈では互いに助け合って生育する植物の組み合わせで、広義の解釈では栽培する作物にとって都合の良い組み合わせのことです。農業では広義に解釈し、互いに助け合わなくとも、病害虫の防除などに用いられる場合は共栄作物として扱われています。

伝承農法では共栄作物の事例が数多くみられますが、農薬や化学肥料の普及とともに活用される機会が少なくなってきました。ウリ類と長ネギなどの混植は互いに生育促進と病害虫の回避に役立っている関係です。トマトとニラは互いに助け合う関係ではありませんが、トマトの土壌病害防除に用いられます。詳しくは第6章で述べます。

5-5 動物を防除する方法

イノシシには電気柵

日本には害獣の大型動物としてイノシシ、サル、シカ、中小土壌動物としてモグラ、ネズミなどが生息しています。これまで、イノシシ、サル、シカなどの野獣は里に下りて農作物に被害を与えることは少なかったのですが、最近、農作物の被害がたびたび報告されるようになってきました。山林に人の手が入らなくなってきたため、里山などの生態系が壊れたことが一つの原因であるといわれています。

イノシシの防除は、最初、髪の毛、石鹸、カンテラなどで忌避されますが、やがて、イノシシが慣れて被害を与えるようになります。安定して効果が持続するのは電気柵です。サルの防除はネットが用いられますが、ほとんど効果がないといわれています。シカの防除は弛《たる》ませたロープが有効といわれています。モグラ、ネズミはヒガンバナ、スイセンが有効といわれています。詳しくは第６章で述べます。

5-6　実際に用いられている作物保護技術

ここまで、農作物に被害をもたらす原因や、それを防ぐメカニズムについて紹介してきました。この項では、農作物の被害を防ぐために実際に用いられている作物保護技術を具体的に説明します。化学合成農薬を使用する場合もありますが、ここでは、農薬を用いない作物保護技術について触れます。連作、輪作、接ぎ木栽培、おとり作物、対抗植物、コーヒー滓やコメヌカなどの有機物、改良資材、自然農薬と生物農薬、組織内共生微生物を用いた方法などがあります。

連作（発病衰退現象）

連作すると、老廃物質の集積や微生物相の単純化などで、連作障害が発生するといわれています。連作を続けると、多くの場合3年目前後に連作障害が発生しますが、連作障害が発生してもさらに連作を続けると、病害が減少し、収量が増加する現象が起こる場合があります。ワシントン州立大学のクックやローザムステッド農業試験場のホンビーらによって解明された（1974年）もので、これを発病衰退現象（ディジーズ・デクライン）といいます。

発病衰退現象には根圏微生物が関与するといわれ、コムギでは根圏に生息するシュードモナス・フローレッセンスがこの役割を担っていることが解明されました。シュードモナス・フローレッセンスはシデロフォアという有機化合物を産生し、これが鉄をキレート化して、病原菌との鉄の競合で病害が防除されることが明らかになっています。また、シュードモナス・フローレッセンスは根圏微生物として多くの植物の根圏に生息していますが、発病衰退現象に関与するシュードモナス・フローレッセンスの系統は、連作することで増加することも明らかにされました。その後、シュードモナス・フローレッセンスはフェナジンや2、4-ダイアセチルフェロログルシノール（抗生物質）も産生し、病害を防いでいることが明らかにされました（1996年、キール)。

発病衰退現象は同じ作物を同じ圃場《ほじょう》に栽培を続けることで現れ、関与する微生物を接種しても再現性が低いことから、連作によって生じる土壌の理化学性も関係すると考えられています。また、発病衰退現象は病原菌を接種しても発病しない、発病抑止型土壌を作るといわれています。また、最近、連作は土壌微生物を単純化しないことが明らかになりました。同じ野菜の根や残渣《ざんさ》が分解されるのは一種類の微生物によって行われるのではなく、分解の過程で微生物は次々と遷移するため、「連作＝微生物の単純化」にはつながらないことが実証されました。

日本においても各地に多くの連作事例があり、一時的に連作障害は発生するものの、連作が生産を安定させたと思われる事例が数多くあります。ダイコン、ユウガオ、キャベツ、トマト、ナス、ジャガイモ、ニンジン、キュウリ、スイカ、イチゴなどの野菜で10～30年間の連作が報告されています。しかし、連作を可能にしているメカニズムについては、一部を除きほとんどが未解明のままです。

三浦半島のダイコンは連作されていますが、萎黄病などの土壌病害はほとんど発生しません。発病の認められなかった圃場の土壌に萎黄病菌を混入しても発病しないことから、発病抑止型土壌であることが明らかになりました。三浦半島の土壌を殺菌すると発病抑止性は失われますが、そのまま放置すると抑止性が回復することから、土壌の理化学性と生物性が関与していると考えられています。また、コンパニオンプランツでは、連作が「キャベツとハコベ」などの、耕地生態系の極相を促進することが明らかになっています。このように、家庭菜園では連作もまた有効な栽培技術と考えられます。

輪作

作物の栽培を続けると、地力が落ち、収量が減少してきますが、これを解決する手段として、人類が経験的に考え出した方法が輪作です。

ヨーロッパでは草地↓放牧↓ムギの三圃作として考えられた技術であり、1年目は草を作り、次の年、草地に放牧し、家畜は草を食べ、糞尿が土を肥やします。3年目に豊かになった土にムギを栽培する方法であり、肥料を与えなくとも作物栽培ができる作物栄養学的な技術です。

本来の輪作には次に示す基本があります。(1)窒素固定能力のあるラッカセイ、ダイズなどのマメ科の後作に、吸肥力の強いキャベツやホウレンソウなどの野菜を植える。(2)キュウリ、メロンなどの浅根野菜の後作に、深根のゴボウ、ニンジンなどの野菜を植える。(3)トウモロコシ、ネギなど単子葉野菜の後作に、スイカ、トマトなど双子葉野菜を植える。(1)は、マメ科で土を豊かにして次作で利用する考え方で、(2)(3)は前作で利用できなかった養分を次作で利用するとの考え方です。

マクレーとメフィス（1986年）によると、輪作は中国では3000年以上前に行われていたそうです。古代の輪作体系はマメ科とイネ科の組み合わせで行われていましたが、現在の農学で行われている輪作は、1730年代イギリスで普及したノーフォーク輪作（カブ→オオムギ→クローバー→コムギ）の4年輪作体系です。その後、人工肥料の使用やリービッヒの最小律（1841年）などによって、輪作体系は無機栄養の一部を補完するだけのものとして、あまり重要視されなくなってきました。

輪作が見直されたのは20世紀初頭の米国でした。収穫量が増加するとし、トウモロコシ→ササゲ→エンバク→ワタの4年輪作、トウモロコシ→コムギ→クローバーや、タバコ→コムギ→クローバーの3年輪作などが行われました。

米国では、ワタ栽培で連作より輪作で土壌病害の発生が少ないことも発見され、輪作が土壌病害防除に用いられるようになってきました。

輪作は、雑草、害虫、病害、センチュウなどの防除効果も報告されています。チャンドラーらは、トウモロコシでイネ科雑草が繁茂し、ダイズで双子葉雑草が繁茂しますが、トウモロコシとダイズ、トウモロコシとワタの輪作でそれぞれの雑草が減少することを報告（1979年）しています。ジョンソンらは、害虫では宿主範囲の狭い害虫、あるいは移動しない害虫に有効であり、キタトウモロコシネキリムシやクロネキリムシはトウモロコシとダイズの輪作で経済的な水

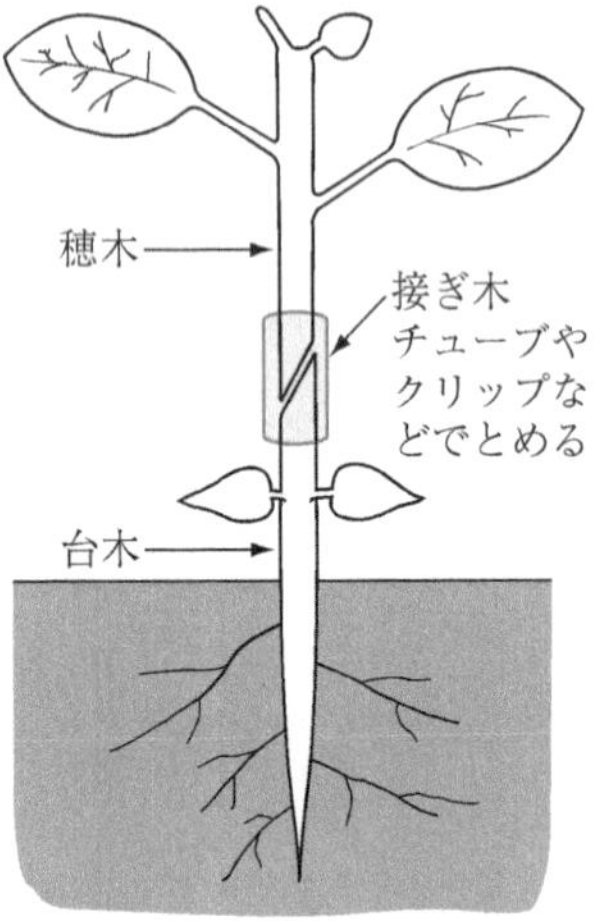

図5－1　接ぎ木栽培

準で防除できることを報告（1984年）しています。

連作は多くの場合、土壌病害などの連作障害が発生するため、土壌病害対策として輪作が推奨されるようになりました。

このように、輪作は収量の増加と連作障害を回避する技術として有効でした。しかし、化学肥料と農薬の普及は、輪作を行わずとも、生産の安定を保証しました。

家庭菜園では化学肥料と農薬の使用を極力抑えます。また、多品目で栽培されるため、もう一度輪作の有効性を考える必要があります。

輪作はコンパニオンプランツの一形態ともいえますので、具体的な輪作例は第6章で挙げます。

ウリ類、ナス科の「接ぎ木栽培」

接ぎ木とは、2つ以上の作物の茎などを人為的に切断し、切断面で接着して一つの植物として育てるものです。下部の植物を台木、上部の植物を穂木といいます。接ぎ木栽培とは、野菜としては品質が悪く商品価値がないものの、病害虫に抵抗性を示す品種を台木として用い、品質が高く商品価値のあるものの病害虫には弱い品種を穂木として接ぎ木する方法です（図5－1）。

スイカ、メロン、キュウリなどのウリ類、トマト、ナス、ピーマンなどのナス科で土壌病害対

写真5－5　トマトの接ぎ木苗

表5－6　接ぎ木栽培で防除される病害虫

野菜名	主な台木	防除される病害虫
スイカ	ユウガオ	つる割病、センチュウ類
メロン	カボチャ	つる割病、センチュウ類
キュウリ	カボチャ	つる割病、センチュウ類
ナス	野生ナス	青枯病、半枯病、センチュウ類
トマト	野生トマト	萎ちょう病、半身萎ちょう病、センチュウ類
ピーマン	野生ピーマン	疫病、青枯病

策として用いられています。台木は病害虫に対して抵抗性であるため、安定した防除効果が期待できます（写真5－5、表5－6）。

病害虫対策以外でも用いられる場合があります。低温期の生育促進（キュウリの黒種カボチャ台木）や樹勢を強めるため（キュウリのニガウリ台木）や品質の向上（キュウリのブルームレス台木）などです。

アブラナ科のおとり作物

おとり作物とは、病原菌の寄生性はありますが、密度を増加させない作物のことです。このため、おとり作物が栽培されると病原菌は胞子などを発芽させて植物に侵入しますが、宿主で増殖できないか、あるいは子孫を残せないため、病原菌の密度が低下して防除効果を発揮します。

アブラナ科野菜類に発生する根こぶ病は大きな被害を与えるため、重要な土壌病害として知られています。根こぶ病菌は雑草を含め、すべてのアブラナ科植物の生きた組織に寄生性があり、他の植物や、たとえアブラナ科でも死んだ組織には寄生性がない完全寄生菌です。このためアブラナ科がないときは胞子で休眠し、アブラナ科があると休眠から覚め寄生します。ところが、寄生しても増殖できず密度を低下させる野菜があります。

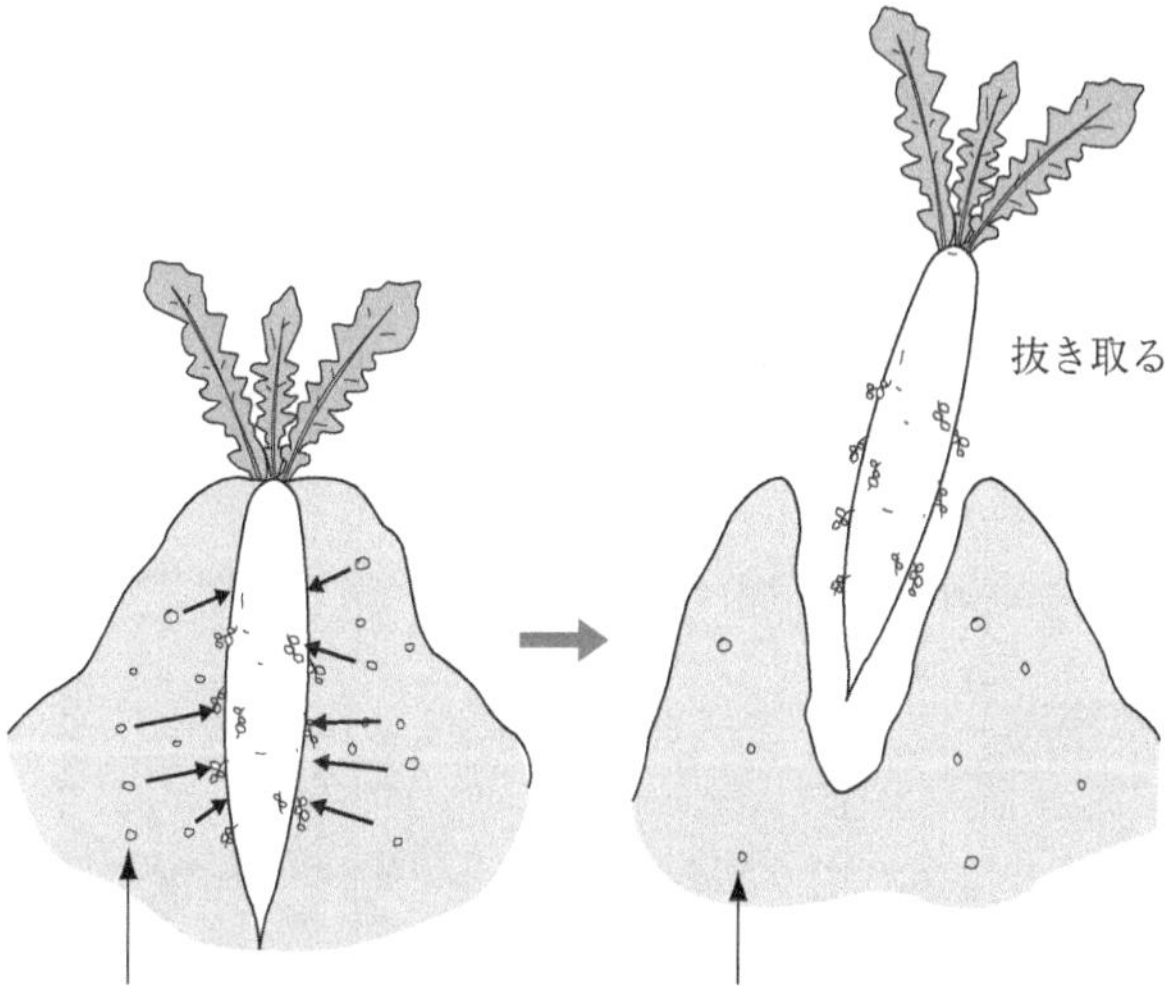

図5－2　ダイコンをおとり作物として使う

根こぶ病菌で汚染された圃場にダイコンを播種すると、根こぶ病菌の休眠胞子は休眠から覚め、発芽してダイコンに寄生します。しかし、皮目から生じた根にのみ寄生するため、増殖できません。このため、宿主植物にもかかわらず、結果的に防除効果を発揮します。

ダイコンの後に植えるアブラナ科野菜は根こぶ病菌の密度が低下しているダイコンを抜き取った穴にできるだけ定植します（図5－2）。本方法はキャベツ、ハクサイ、ブロッコリーなどアブラナ科野菜全般に応用できます。また、ダイコンを葉ダイコンに替えることも可能です。

表5－7　センチュウの対抗植物

センチュウの種類	主な対抗植物
ネグサレセンチュウ	マリーゴールド、タヌキマメ、ラッカセイ
ネコブセンチュウ	ギニアグラス、エビスグサ、タヌキマメ

対抗植物によるセンチュウの防除

対抗植物とはセンチュウ類の密度を低下させる植物のことで、タヌキマメ、マリーゴールド、ギニアグラス、ソルゴーなどがあり、ネコブセンチュウとネグサレセンチュウでは対抗植物が異なります。タヌキマメやエビスグサはネコブセンチュウとネグサレセンチュウを根の中に誘引して密度を減少させ、マリーゴールドはネグサレセンチュウを殺センチュウ成分で密度を減少させ、ソルゴーやラッカセイは寄生性からネグサレセンチュウやネコブセンチュウを増殖させないで防除効果を発揮します。

ネグサレセンチュウの発生した畑では前作にマリーゴールド、タヌキマメ、ラッカセイなど、ネコブセンチュウの発生した畑では前作にギニアグラス、エビスグサ、タヌキマメなどを栽培し、これを鋤《す》きこみ、1ヵ月以上かけてよく分解させます（表5－7）。次に、野菜類を通常どおり栽培します。ダイコンのネグサレセンチュウにはマリーゴールド、ラッキョウのネグサレセンチュウや、ナスやトマトのネコブセンチュウにはタヌキマメ、ニンジンのネグサレセンチュウにはソルゴーなどが利用されています。

また、キュウリやメロンなどでネコブセンチュウの被害が大きかった圃場にキャベツを輪作すると、ネコブセンチュウの被害が軽減されます。これはキャベツがアリルイソチオシアネート(キャベツの辛味成分)を産生してネコブセンチュウの密度を低下させるからです。アリルイソチオシアネートはキャベツ以外にはクロガラシ、カラシナ、ワサビ、「からし」(香辛料)などに含まれ、磨砕したときに作られ、揮発性成分として知られています。センチュウ以外にも細菌や糸状菌に強い殺菌作用を示しますので、土壌病害の対策としても用いられています(2008年、竹原)。また、ワサビや「からし」は殺菌成分が明らかにされる前から、経験的に刺身や肉など食品の保存や殺菌剤として利用されてきました。

コーヒー滓とソバガラ堆肥、コメヌカを用いたセンチュウ防除

コーヒー滓やソバガラは食品廃棄物として大量に排出されます。これらの有機物は資源の有効活用や環境保全から、堆肥化が推進されています。コーヒー滓とソバガラ堆肥を施用した圃場で、センチュウ類の被害が減少することが数多く報告されています。メカニズムについては解明されていませんが、研究機関でその効果が実証されています。

また、コメヌカも精米時に大量に排出され、有機質肥料として利用されています。生のコメヌカを施用した圃場ではセンチュウ類の被害が少ないといわれていました。そのメカニズムが最

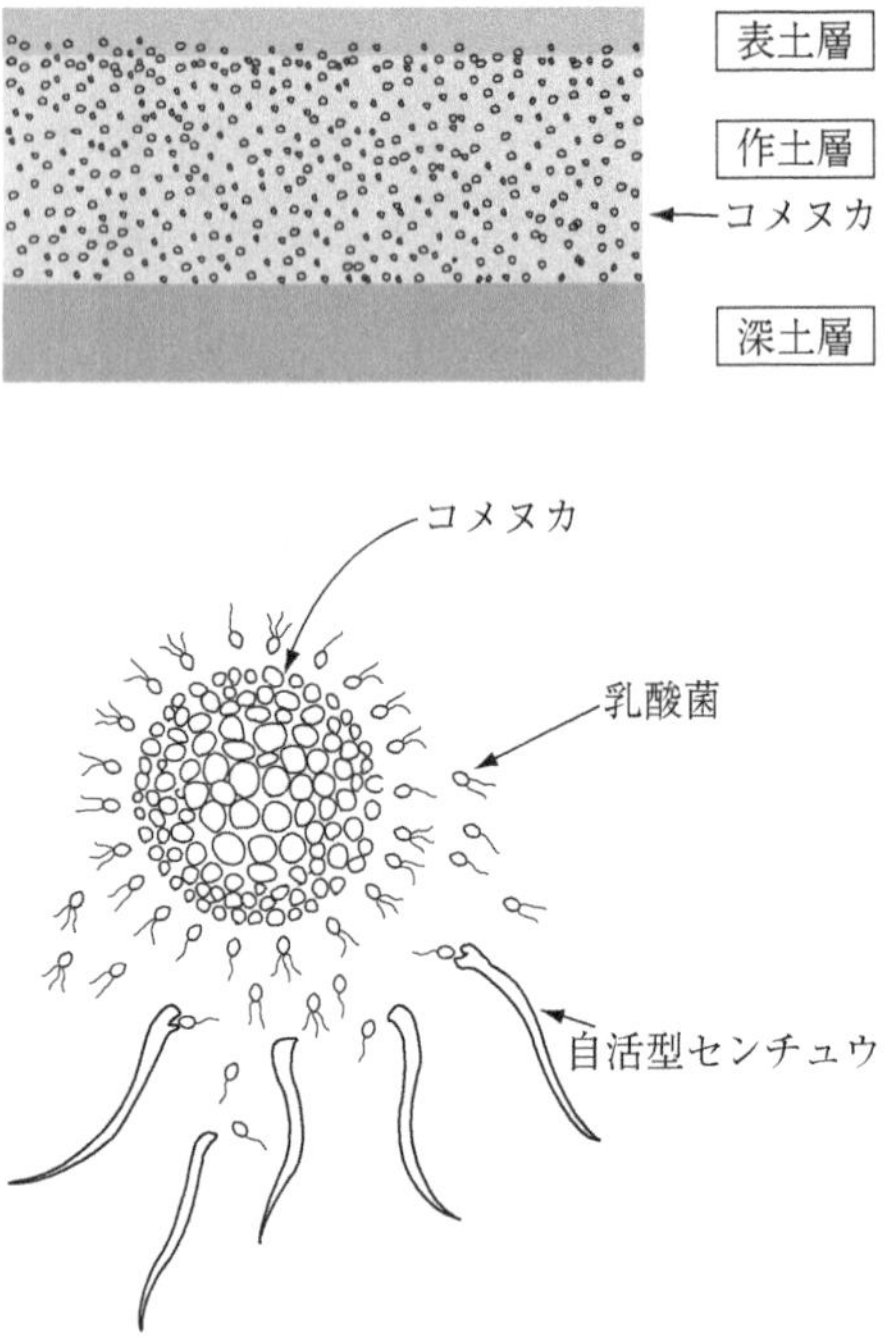

図5－3　コメヌカを使ってセンチュウを防除する

近、以下のように明らかにされました。

すなわち、コメヌカが施用されると、これを分解する乳酸菌が繁殖します。自活型センチュウ（有機物を餌とし、植物に寄生しない）は好んで乳酸菌を餌とするため、急激に増殖します（図5－3）。自活型センチュウは増殖に伴って、尿酸などの老廃物を排泄します。尿酸はアンモニアに変化しますが、自活型センチュウはアンモニアに100ppmまで耐性があります。ところが、寄生性のセンチュウは10ppmまでしか耐性がありません。このため、コメヌカが分解されるときに発生するアンモニアと、自活型センチュウが排泄するアンモニアによって、植物寄生性のセンチュウが防除されるのです（2001年、諸見里ら）。アンモニアの多い有機物を餌とする自活型センチュウ、アンモニアに弱く植物に寄生するセンチュウ、それぞれ、進化に伴って獲得した不思議な世界が見えてきます。

改良資材で土壌病害防除

有機物は土壌中で微生物が産生する酵素によって分解されます。炭素源を分解する酵素にはキチナーゼ、セルラーゼ、リグナーゼ、タンナーゼ、グルコシダーゼなどがあります。キチナーゼは放線菌、セルラーゼはトリコデルマ菌が主に産生します。

フザリウム菌（萎ちょう病の病原菌）やリゾクトニア菌（立枯病の病原菌）の細胞膜はキチンによって作られています。キチンに富むカニガラや廃菌床が土壌中に施用されると、これを分解するため、放線菌がキチナーゼを産生します。キチナーゼはカニガラなどに含まれるキチンを分解しますが、同様に細胞膜が同じキチンで作られている萎ちょう病菌や立枯病菌にも働き、これを分解します。このため、キチンを細胞膜に持った土壌病害を防除することができます。また、放線菌は多くの抗生物質を産生し、病原菌を抑える働きもあります。

ファイトフィトラ菌（疫病の病原菌）やピシウム菌（根腐病の病原菌）の細胞膜はセルロースで作られています。セルロースに富むイナワラやムギワラが土壌中に施用されると、これを分解するため、トリコデルマ菌がセルラーゼを産生します。セルラーゼはイナワラに含まれるセルロースを分解しますが、同様に細胞膜が同じセルロースで作られている疫病菌や根腐病菌の細胞膜にも働き、これを分解します。このため、セルロースを細胞膜に持った土壌病害を防除することができます。また、トリコデルマ菌はグリオトキシンを産生し、病原菌を抑える働きもあります。

サンゴでアブラナ科の根こぶ病防除

根こぶ病は、アブラナ科植物に発生する深刻な土壌病害で、家庭菜園でもしばしば発生します。根こぶ病の胞子が土壌内に休眠しているとき、アブラナ科植物が生育すると、発芽し遊走子が根に感染します。感染には水とpH7・2以下の条件が必要です。感染すると、根に大小のこぶが発生し、作物の生育を悪くします。

根こぶ病は世界中で発生しています。しかし、根こぶ病の発生が認められない例外的な地域があります。ミクロネシア、カリブ海の島々、日本の沖縄県などは、根こぶ病の発生しにくい地域といわれています。これらの地域の共通点はサンゴが隆起した島々です。このことから、根こぶ病とサンゴの関係が研究され、サンゴ化石を施用した圃場では根こぶ病が発生しないことがわかりました。

根こぶ病菌（プラスモディォフォーラ）の休眠胞子はマイナスに帯電し、サンゴ化石はプラスに帯電しています。このため、サンゴ化石が圃場に施用されると、根こぶ病の休眠胞子はサンゴ化石の表面に電気的に吸着され、発芽することができず、防除効果が発揮されることが明らかになりました。また、サンゴ化石はpH９以上と高アルカリ性です。根こぶ病感染はpH７・２以下が条件ですから、アルカリ性も感染しにくい理由と考えられています。

自然農薬・生物農薬

自然農薬とは、化学的に合成された農薬ではなく、植物や食品が本来持っている機能を活用し、病害虫を防除する資材の総称です。しかし、試験データがほとんどないことや、農薬登録がないため効果が判然としないか、またはきわめて不安定です。食品からは牛乳、酢、焼酎、納豆など、植物からはトウガラシ、ニンニクなどがあり、混合品としては酢や焼酎に漬けたトウガラシやニンニク液などが用いられています。牛乳、トウガラシ、ニンニクは病害虫の忌避剤として、酢や焼酎は病害の防除のために散布されます。

生物農薬とは微生物を用いた農薬のことであり、微生物農薬ともいいます。殺虫剤が11種、殺菌剤が９種、抗ウイルス剤が１種、除草剤が１種の計22種が市販されています（表５－８）。多くの試験例があるため、化学合成農薬には及ばないものの、安定した効果が期待できます。

表5－8　登録微生物農薬一覧

効能	微生物種	農薬の商品名
殺虫	Bacillus thuringiensis	ダイポール　他
殺菌	Bacillus subtilis	ボトキラー、ボトピカ、インプレッション　他
殺菌	Talaromyces flavus	バイオトラスト、タフパール、タフブロック
殺菌	Trichoderma atroviride	エコホープ、エコホープドライ、エコホープDJ
殺菌	Pseudomonas fluorescens	セル苗元気
殺虫	Verticillium lecanii	バータレック、マイコタール
殺虫	Beauveria bassiana	ボタニガード、バイオリサ・マダラ
殺菌	Agrobacterium radiobacter	バクテローゼ
殺菌	Erwinia carotovora	バイオキーパー
殺菌	Bacillus simplex	モミホープ
殺菌	Pseudomonas spp.	モミゲンキ
殺菌	Fusarium oxysporum	マルカライト
殺虫	Monacrosporium phymatophagum	ネマヒトン
殺虫	Steinernema carpocapsae	バイオセーフ
殺虫	Beauveria brongniartii	バイオリサ
殺虫	Pasteuria penetrans	パストリア
殺虫	Steinernema glaseri	バイオトピア
殺虫	Paecilomyces fumosoroseus	プリファード
殺虫	Homona magnarima	ハマキ天敵
殺虫	SINPV	ハスモン天敵
除草	Xanthomonas campestris	キャンペリコ
抗ウイルス	Zucchini yellow mosaic virus	キュービオ

また、善玉の葉面微生物を増殖させて葉の病害を予防する方法として、黒砂糖や廃糖蜜を茎葉に散布する方法や、次に挙げるような種類の異なる野菜の磨砕液を散布して病害虫を忌避する方法などがあります。ニンジンの害虫であるアゲハチョウの産卵を抑えるため、キャベツの磨砕液をニンジンに散布、逆にキャベツの害虫であるモンシロチョウの産卵を抑えるため、ニンジンの磨砕液をキャベツに散布する方法などがあります。

組織内共生微生物を用いた防除

植物の組織内は無菌状態にあるといわれています。その例外植物としてシクラメン、サツマイモ、サトイモ科（アンスリウム、サトイモ、コンニャク）があります。シクラメンの組織内からはクラドスポリウム、エルウィニア、サツマイモの組織内からはフザリウム、キサントモナスが優先種として分離されます。これらを「組織内共生微生物」といい、これらの中から選抜した系統を用いて、サツマイモつる割病、シクラメン炭疽病などを防除する方法が知られています（1985年、木嶋ら）。

また、双子葉植物が発芽し、本葉が展開した時期に胚軸を切断し、これに微生物を接種し、挿し木して苗を育成すると、微生物が組織内に定着します（胚軸切断挿し木法）。この方法によって、トマト萎ちょう病、ナス青枯病、レタスすそ枯病、ウリ類つる割病などを防除する方法が報

写真5-6　サツマイモつる割病の防除。左は無処理。右は非病原性のフザリウム菌を接種したもの

告されています（1985年、木嶋ら）。詳しくは第7章で述べます。

さらに、根部エンドファイトを用いたアブラナ科根こぶ病、レタス黄化病、ハーバスピリラムを用いたトマト青枯病やイネいもち病の防除法が報告されています（2008年、奈良ら）。

①シクラメン炭疽病

健全なシクラメンの組織内からはエルウィニア菌が高率で分離されます。分離された一部の系統を種子にコーティングして播種します。発芽し、本葉が展開すると、接種菌はシクラメンの組織内に取り込まれ、エルウィニアが共生したシクラメンは炭疽病の抵抗性が誘導されます。

②サツマイモつる割病

健全なサツマイモの組織内からは非病原性のフザリウム菌が高率で分離されます。分離されたフザリウム菌をサツマイモ苗の切り口に接種すると、全身抵抗性が誘導される系統が小川らによって選抜（1985年）されました。非病原性フザリウム菌の接種によって誘導されたサツマイモの全身抵抗性は1週間続きます。定植後1週間の間に病原性を持ったフザリウム菌に感染したサツマイモのみ、サツマイモつる割病が発病するため、1週間の全身抵抗性で防除効果が発揮されることが明らかにされました（写真5－6）。

③トマト青枯病

健全なイチゴの組織内からはハーバスピリラムが分離されます。本菌は多くの植物組織内に定着することができ、トマトはその植物の一つです。ハーバスピリラムが組織内に定着したトマトは青枯病の抵抗性が誘導されるため、本病に感染しません。

5－7　雑草を防除する技術

雑草の防除法には、除草剤、植物の働きを利用したアレロパシー（他感作用）、雑草の病原菌を利用した防除、夏草・冬草の生態を利用した防除、物理的方法（手取り除草、機械除草、火炎除草、耕起方法）、マルチ（ポリエチレンフィルム、紙マルチ、敷き草、敷きワラ、グリーンマルチ）などの方法があります。

収穫後の畑にヘアリーベッチをまく

アレロパシーの一つとして、ヘアリーベッチ（マメ科）を用いたものがあります。ヘアリーベッチにはシアナミドが含まれ、多くの雑草を抑える働きがあります。ただ、ヘアリーベッチを混植したり間作で利用すると、野菜の生育を抑えてしまうため、輪作に用います。

無積雪地域では10～11月、収穫の終了した畑にヘアリーベッチを播種し、冬期間育てます。3月下旬～4月下旬に刈り取って畑に鋤きこみ、1ヵ月以上かけてよく分解させます。その後、キュウリ、トマト、ナスなどの野菜類を通常どおり定植します。雑草を抑えることはできますが、他感作用は野菜類にも及び、畑に直接播種するニンジンやダイコンなどの野菜類は発芽障害が発生しますので不向きです。

積雪地域では雪解けを待って、ヘアリーベッチを播種します。雪解けの時期によって異なりますが、ヘアリーベッチが30～50㎝に生育したら、畑に鋤きこみ、よく分解させます。他の方法は無積雪地域と同じです。

ソバガラ、コーヒー滓を散布する

「ソバは畑を荒らす」といわれ、ソバの後作の野菜類は生育が悪くなるといわれています。ところが、ソバガラやコーヒー滓を散布した畑は雑草が少ないことが明らかになり、有機農業では雑草防除に利用されています。ソバガラには没食子酸、ファゴミン、ピペリジン・アルカロイド、コーヒー滓にはカフェインが含まれ、これらの成分が雑草を抑えていることが明らかになっています。これもアレロパシーを利用した防除技術です。

ソバは、収穫残渣の茎葉と、そば粉を取った残りのソバガラに、雑草を抑える成分が含まれています。茎葉は、敷きワラと同じように野菜類の畝間に敷きます。また、ソバガラは土の表面に地面がやや見える程度に散布します。

なお、ソバの種子は後熟性が高いため、2〜3年間はソバが生えてきますので、ソバと野菜類の輪作は不向きです。コーヒー滓は野菜類の畝間や土の表面に、地面がやや見える程度に散布します。

野菜類の定植前や播種前にソバガラとコーヒー滓を施用すると、野菜類の生育も雑草と同じように抑えますので、必ず定植してから施用します。また、直播する野菜類は発芽し、本葉が2〜3枚に生育してから施用します。

雑草の病原菌をまく

雑草の病原菌で雑草を防除する方法です。雑草も野菜類と同じように病原菌に感染すれば発病し、病徴が激しい場合には枯死します。

スズメノテッポウ、スズメノカタビラは芝草によく似ています。しかし、生育速度や葉の形が芝草とは異なるため、ゴルフ場ではとてもやっかいな雑草です。これらの雑草に激しい病気を発生させる病原菌（キサントモナス）が発見されました（本間）。本菌はスズメノテッポウ、スズメノカタビラには激しい病気を発生させて枯死させますが、芝草には影響がありません。なお、キサントモナスは微生物農薬として登録され販売されています。

夏草・冬草を利用する

夏草は夏繁茂して冬に枯れ、冬草は冬繁茂し夏に枯れます。これを利用した技術として、冬に向かって一年生の夏草を繁殖させ、冬季に気温の低下によって枯らす方法と、春に向かって冬草を繁殖させ、出穂させて枯らす方法があります。

秋に冬野菜のコマツナやミズナにスベリヒユやアカザを繁殖させる方法を紹介します。9月中旬~10月中旬にコマツナやミズナを播種します。この頃はまだ気温が高いため、スベリヒユやアカザなどの夏草が発芽します（写真5－7）。夏草はやや繁茂しますが、そのまま放置します。やがて、気温の低下に伴って、スベリヒユやアカザの生育は衰え、11月下旬~12月上旬の降霜によって夏草は枯れます。枯れた夏草は敷き草と同じように地表面を覆うため、冬草の発芽を抑え

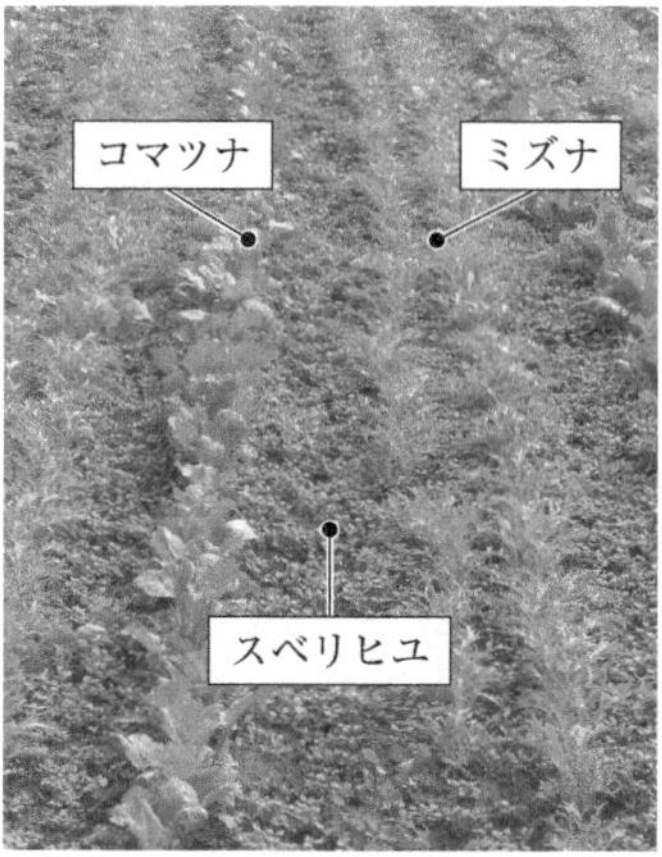

写真5－7　コマツナとミズナ。夏草のスベリヒユを叢生させて放置する

ます。コマツナやミズナは本来冬野菜であるため、耐寒性が強く、順調に生育します。

次に、春にスズメノテッポウやスズメノカタビラを残し、出穂によって冬草を枯らして地面を覆い、夏草を防除する方法です。冬の間スズメノテッポウやスズメノカタビラなどの冬草を畑一面に繁茂させます。4月中旬～5月中旬に野菜を定植する場所だけ草を取り除き、野菜を植え付けます(他の部分の草はそのまま残す)。まだ気温が高くないため、夏草は生えてきません。5月下旬～6月上旬の気温の上昇に伴って、冬草は出穂して枯死します。枯れた冬草は敷き草と同じように地表面を覆うため、夏草の発芽を抑えます。

5-8 抵抗性品種と耐病・耐虫性品種

抗生物質と同じ

病害虫を防除するために、抵抗性品種や耐病・耐虫性品種を利用する方法があります。

抵抗性品種は宿主範囲の狭いフザリウム病やうどんこ病などに対して育成されています。病気を発生させる病原菌の病原遺伝子と植物の抵抗性遺伝子の関係にあるため、抵抗性品種はまったく病害虫に感染しません。しかし、病原菌のレース分化（抵抗性品種に感染できる遺伝子の獲得）によって、抵抗性品種が罹病性になるため、次々と新しい品種の開発が必要となります。これは医学の抗生物質開発と同じです。

耐病性品種は宿主範囲の広いリゾクトニア病や炭疽病などに対して育成されます。遺伝子対遺伝子の関係ではないため、耐病性は病原菌が感染することのできる品種です。しかし、表皮の厚さ、ワックスの有無、根域など種々の形質が組み合わされて、耐病性が発揮されます。抵抗性品種と異なり、耐病性品種の耐病性が失われることはほとんどありません。

種子は通常、種苗会社や公共団体などによって育種・供給されますが、採種場所と栽培場所が異なるため、土壌や気候条件に適合しない場合があります。その点、家庭菜園で種採り（自家採種）をすれば同じ土壌や気候条件で採種と栽培が行えるため、より栽培場所に適応しやすくなると考えられます。自家採種では、抵抗性品種ではなく耐病性品種の育成をします。種苗会社や公共団体から供給された種子を育成し、毎年、病害虫の発生が少なかった株から採種します。こうすることによって、病害虫に強く、土壌や気象条件に適合した品種が次第に選抜されます。

自家採種の方法については、第8章で詳しく述べます。

第6章 コンパニオンプランツ

6-1　コンパニオンプランツの考え方

長ネギでイチゴの萎黄病を防除

自然界で、荒れ地に最初に根を下ろすことができる植物は限られています。空気中の窒素を固定し、岩石からミネラルを取り出すことのできる根粒菌や菌根菌などを共生したマメ科や、フランキュア（放線菌の一種）を共生したハンノキなどです。次に、これらの植物が豊かにした土壌に各種の植物が根を下ろし、次々と植物の種類が代わって遷移していきます。人の手が入らないとやがて、白神山地のブナとクマザサ、照葉樹林のシイとカシのような極相（これ以上植生が遷移しない状態）になり、病害虫の発生など問題にならない安定した生態系になります。

一般的に、一緒に植えると互いに良い影響を与え合う植物同士をコンパニオンプランツ（共栄植物）と呼びます。コンパニオンプランツの原点はこの安定した生態系の組み合わせを利用することにあります。

たとえば、長ネギとイチゴを混植する（写真6-1）と、萎黄病を防除します。ニラとトマトの混植は萎ちょう病を防除します。これらは、コンパニオンプランツの一例です。また、天敵類を温存あるいは繁殖させる植物を植えるバンカープランツは、間接的に野菜類に良い影響を与えます。バンカープランツは、植物同士がかならずしも良い関係とは限りませんが、コンパニオンプランツの一つとして扱われます。さらに、害虫が嫌う植物（忌避植物）を用いる場合もコンパニオンプランツとして扱われます。また、病害虫の防除以外にも、畑の効率的利用のために、コンパニオンプランツは活用されています。

写真6－1　長ネギとイチゴを混植して、萎黄病を防除する

コンパニオンプランツは、混植やバンカープランツだけでなく、間作、輪作、障壁作物、縁取り作物としても利用されています。

混植は畝間に関係なく2種類以上の作物を混合栽培する方法です。

間作は作物と作物の畝間に他の作物を栽培する方法です。

輪作は同じ圃場に続けて同じ作物は作らず、他の作物に替えて栽培する方法です。

障壁作物は害虫の飛来を防ぐため、圃場周辺を栽培植物より背の高い植物で囲って栽培する方法、縁取り作物は天敵や訪花昆虫を集めるため圃場周辺を草花などで囲って栽培する方法です。

バンカープランツは天敵を集め育てるため、圃場周辺や作物の畝間などに、その作物の天敵が繁殖する植物を栽培します。

写真6－2 葉ネギとホウレンソウを混植して萎ちょう病を防除する

混植、間作は圃場を立体的に利用するためにアジアで作られた技術です。「1斗の枡にはどれほど工夫しても、クルミは1斗しか入らない。しかし、クルミとアワを混合すると、1斗のクルミと1升のアワを入れることができる」との考え方であり、限界を超えた生産は同一圃場に2種類以上の作物を栽培することによって可能になります。混植、間作には共通する事項があり、作物同士の相性（ユウガオなどウリ類と長ネギ）、浅根には深根（葉ネギとホウレンソウ・写真6－2）、陽性作物には陰性作物（トウモロコシとエダマメ）、吸肥作物には窒素固定作物（ナスとラッカセイ）などの組み合わせがあります。

6-2　混植・間作・輪作

混植

混植とは、複数の作物を同じ畝に栽培することをいいます。ユウガオと長ネギのように伝承農法として行われてきた方法、ブロッコリーとレタスのように科学的に考えられた方法、野菜とハーブのように家庭菜園などで試されている方法などがあります。それぞれの混植は科学的に解明されてはいないものも多いのですが、多くの人たちによって効果が実証されています。一般的にはキク科、ネギ属、マメ科が利用されます。

シュンギクやレタスなどキク科とブロッコリーやキャベツなどのアブラナ科、長ネギやニラなどネギ属とキュウリやスイカなどのウリ類、ラッカセイやクローバーなどマメ科とピーマンやトマトなどのナス科を混植する方法が知られています。混植は主に病害虫の防除や生育促進に用いられます。

表6－1　コンパニオンプランツの種類と期待される効果

農作物名	コンパニオンプランツ	方法	期待される効果
イチゴ	ペチュニア	混植	訪花昆虫が集まり、イチゴの受粉に役立つ
インゲンマメ	ルッコラ	混植	生育を促進する
ウメ	リュウノヒゲ	混植	根の乾燥を防ぐ
エダマメ	トウモロコシ	間作	害虫を防ぐ
	チャイブ	障壁	害虫を防ぐ
カキ	ミョウガ	混植	落果を防ぐ
カブ	チャービル	混植	生育を促進する
	ニンジン	混植	害虫を防ぐ
	バジル	混植	害虫を防ぐ
カボチャ	スズメノテッポウ	叢生	グリーンマルチ＊
	長ネギ	混植	土壌病害を防ぐ
	野生エンバク	叢生	うどんこ病を防ぐ
果樹類	ヘアリーベッチ	叢生	雑草防除
キャベツ	シロツメクサ	間作	ヨトウムシを防ぐ
	ハコベ	叢生	生育を促進する
	レタス	混植	ヨトウガ、モンシロチョウ、コナガを忌避させる
春キャベツ	ソラマメ	混植	アブラムシを防ぐ
キュウリ	チャービル	混植	害虫を防ぐ
	長ネギ	混植	土壌病害を防ぐ
	野生エンバク	叢生	うどんこ病を防ぐ
ゴーヤー	ヤンバルハコベ	混植	生育を促進する
	ムラサキカタバミ	混植	生育を促進する
コマツナ	アカザ、シロザ	混植	冬の雑草を抑える
	ニラ	間作	キスジノミハムシを忌避させる
サツマイモ	ダイズ	混植	生育を促進する
	ササゲ	混植	生育を促進する
シソ	赤シソ、青シソ	混植	それぞれの害虫を防ぐ

＊グリーンマルチ：草丈の低い草やマルチエンバクなどをカボチャやキュウリの蔓下に生育させて、被覆として用いる。

農作物名	コンパニオンプランツ	方法	期待される効果
ジャガイモ	ギシギシ	混植	害虫を防ぐ
	サトイモ	間作	生育を促進する
シュンギク	アブラナ科野菜類	混植	害虫を防ぐ
ショウガ	サトイモ	間作	生育を促進する
スイカ	トウモロコシ	障壁	害虫を防ぐ
	ソルゴー	障壁	害虫を防ぐ
	エンバク	障壁	害虫を防ぐ
	長ネギ	混植	土壌病害を防ぐ
ダイコン	ハコベ	叢生	生育を促進する
タマネギ	クリムソンクローバー	間作	スリプスを防ぐ
	カモマイル	混植	生育を促進する
チンゲンサイ	シュンギク	混植	害虫を忌避する
トウモロコシ	ハッショウマメ	混植	雑草を抑える
	ダイズ	間作	害虫を防ぐ
トマト	ニラ	混植	土壌病害を防ぐ
	ラッカセイ	混植	生育を促進する
	バジル	混植	生育を促進する
ナス	ニラ	混植	土壌病害を防ぐ
	パセリ	混植	生育を促進する
	ラッカセイ	混植	生育を促進する
	インゲンマメ	混植	生育を促進する
	キンレイカ	間作	害虫を防ぐ
ニラ	アカザ、シロザ	叢生	生育を促進する
ニンジン	カブ	混植	害虫を防ぐ
	ダイズ	間作	生育を促進する
葉ネギ	ホウレンソウ	混植	品質が向上する
ハクサイ	キンレイカ	障壁	害虫を防ぐ
	レタス	混植	ヨトウガ、モンシロチョウ、コナガを忌避させる
	エンバク	間作	ウイルス病を防ぐ
パセリ	ナス	混植	遮光され、品質が向上する

農作物名	コンパニオンプランツ	方法	期待される効果
ピーマン	インゲンマメ	混植	生育を促進する
	ラッカセイ	混植	生育を促進する
	キンレイカ	間作	害虫を防ぐ
ブドウ	オオバコ	叢生	土壌病害を防ぐ
	カタバミ	叢生	天敵を繁殖させる
ブルーベリー	ミント	混植	乾燥を防ぎ、生育を促進する
ブロッコリー	サルビア	混植	コナガ、モンシロチョウを忌避させる
	レタス	混植	ヨトウガ、モンシロチョウ、コナガを忌避させる
ホウレンソウ	葉ネギ	混植	硝酸濃度が低下し、品質が向上
ミカン	カタバミ	叢生	天敵を繁殖させる
	ナギナタガヤ	叢生	土壌病害を防ぐ
	ヘアリーベッチ	叢生	雑草を抑える
ミズナ	スベリヒユ	叢生	冬の雑草を抑える
	ニラ	間作	キスジノミハムシを忌避させる
メロン	スズメノテッポウ	叢生	グリーンマルチ＊
	チャイブ	混植	生育を促進する
	長ネギ	混植	土壌病害を防ぐ
ユウガオ	長ネギ	混植	土壌病害を防ぐ
ラディッシュ	バジル	混植	害虫を防ぐ
レタス	アブラナ科野菜	混植	害虫を防ぐ
農作物全般	ヒガンバナ	障壁	ネズミ、モグラを忌避させる
	スイセン	障壁	ネズミ、モグラを忌避させる

写真6－3　ハクサイの畝間にエンバクを間作すると、アブラムシの障壁となり、ウイルス病が防除される

間作

間作とは、栽培している作物の畝間に別の作物を植えることをいいます。たとえば、オオムギやコムギが生育している畝間に、ラッカセイや陸稲を播種、あるいはユウガオやカボチャなどの苗を移植します。また、ハクサイとエンバク（写真6－3）、キャベツとクローバーなど、野菜と緑肥作物を植える方法もあります。サツマイモとダイコン、ジャガイモとサトイモなど、野菜と野菜を植える方法も知られています。間作は主に畑の効率的利用に用いられます。

輪作

輪作には、1年輪作としては、春～夏にメロン→夏～秋にナス、春～夏にスイカ→夏～秋にダイコ

表6－2　輪作と期待される効果

作物の種類	輪作作物の種類	期待される効果
キャベツ	レタス	根こぶ病の防除
ゴボウ	ホウレンソウ	生育を促進する
ゴボウ	ラッキョウ	生育を促進する
スイカ	ダイコン	畑の効率的利用
スイカ	長ネギ	つる割病の防除
ダイコン	マリーゴールド	ネグサレセンチュウの防除
ダイズ	コムギ	雑草抑制
ダイズ	水稲	雑草抑制
ナス	水稲	ナスの生育促進
ニンジン	ソルゴー	ネグサレセンチュウの防除
ニンジン	ダイズ	ニンジンの生育促進
ホウレンソウ	ラッカセイ	ホウレンソウの生育促進
メロン	ナス	畑の効率的利用
ラッキョウ	クロタラリア	ネグサレセンチュウの防除

ン、春～夏にジャガイモ↓秋～冬にシュンギクなどがあります。2年輪作としては、ダイズ↓水稲、ナス↓水稲、ダイズ↓麦類などがあります。3年輪作としては、草地↓放牧↓コムギなどがあり、4年輪作では、ダイズ↓ビート↓コムギ↓ジャガイモなどの輪作体系があります。輪作は主に生育促進や連作障害回避に用いられるほか、畑の効率的活用にも用いられます。

6－3　バンカープランツを利用した障壁・縁取り

畑の周辺に植える

第5章で触れましたが、農作物の害虫とそれを餌とする天敵が繁殖する植物をバンカープランツとい

表6－3　バンカープランツの種類と期待される効果

バンカープランツ	期待される効果
赤クローバー	うどんこ病菌の寄生菌を増やす
イヌガラシ	アブラムシの天敵を増やす
イヌホオズキ	アブラムシ、ハダニの天敵を増やす
エンバク	多くの天敵の棲み処になる
オオバコ	うどんこ病菌の寄生菌を増やす
カタバミ	ハダニの天敵を増やす
カラスノエンドウ	アブラムシ、ハダニの天敵を増やす
ギシギシ	テントウムシダマシの天敵を増やす
キスゲ	カイガラムシの天敵を増やす
キンレイカ	アブラムシ、ハダニ、スリプスの天敵を増やす
クリムソンクローバー	スリプスの天敵を増やす
コスモス	多くの天敵の棲み処になる
シロツメクサ	ヨトウムシの天敵を増やす
スイバ	テントウムシダマシの天敵を増やす
スカシタゴボウ	アブラムシ、ハダニの天敵を増やす
ニラ	アブラムシの天敵を増やす
長ネギ	アブラムシの天敵を増やす
ソラマメ	アブラムシの天敵を増やす
ソルゴー	多くの天敵の棲み処になる
ヒマワリ	多くの天敵の棲み処になる
ベリー類	多くの天敵の棲み処になる
ホトケノザ	アブラムシ、ハダニ、スリプスの天敵を増やす
ヨモギ	アブラムシ、ハダニ、スリプスの天敵を増やす
ラベンダー	多くの天敵の棲み処になる
ローズマリー	多くの天敵の棲み処になる

写真6－4　ソルゴーとマリーゴールドによる二重障壁でナスの害虫を防除する

います。病原菌と病原菌に重複寄生（寄生者に対する寄生）する糸状菌が繁殖する植物もバンカープランツに含まれます。

害虫対策としてのバンカープランツには次の4条件が必要になります。①害虫の食餌植物と共通しない。②栽培作物と栄養や光などが競合しない。③栽培作物に影響を与える他感物質を産生しない。④土着して雑草化しない。

障壁作物や縁取り作物として、畑の周辺にコスモス、マリーゴールド、ヒマワリ、ソルゴー、エンバク、クリムソンクローバー、ヨモギ、ニラ、長ネギなどを植栽することが知られています（写真6－4）。障壁により、害虫の飛来を防止し、クモ類、カブリダニ類、クサカゲロウ類、テントウムシ類などの天敵を繁殖させます。

病害対策としては、病原菌に重複寄生する微生物を繁殖させる方法が知られています。カボチャに麦類、ブドウにオオバコ、ミカンにナギナタガヤ、カボチャやキュウリにオオバコ、シロツメクサ、赤クローバーなどを叢生栽培する方法です。病原菌と寄生性が共通しないという条件が必要です。

6-4　科学的に解明されているコンパニオンプランツ

コンパニオンプランツは、すべてが科学的に解明されているわけではありません。伝承技術などによって効果は明らかにされているものの、科学的な仕組みがわからないものも、まだ多くあります。ここでは、科学によって解明されているもののメカニズムを説明します。

長ネギとユウガオの混植

第2章で触れましたが、栃木県にはユウガオ（かんぴょうの原料）と長ネギを混植する伝承技術があります。科学的な意味はわからないながらも長い間、魔除け、モグラ除け、ユウガオ株元の目印などとして継承されてきました。

ユウガオの連作は土壌病害などの連作障害が発生しますので、一般的には輪作で栽培します。ところが、栃木県ではユウガオを連作で栽培してきましたが、土壌病害の発生はほとんど認められませんでした。連作で栽培されているユウガオ圃場を調査したところ、長ネギを混植していない圃場では土壌病害の発生が認められましたが、長ネギを混植している圃場では土壌病害が発生

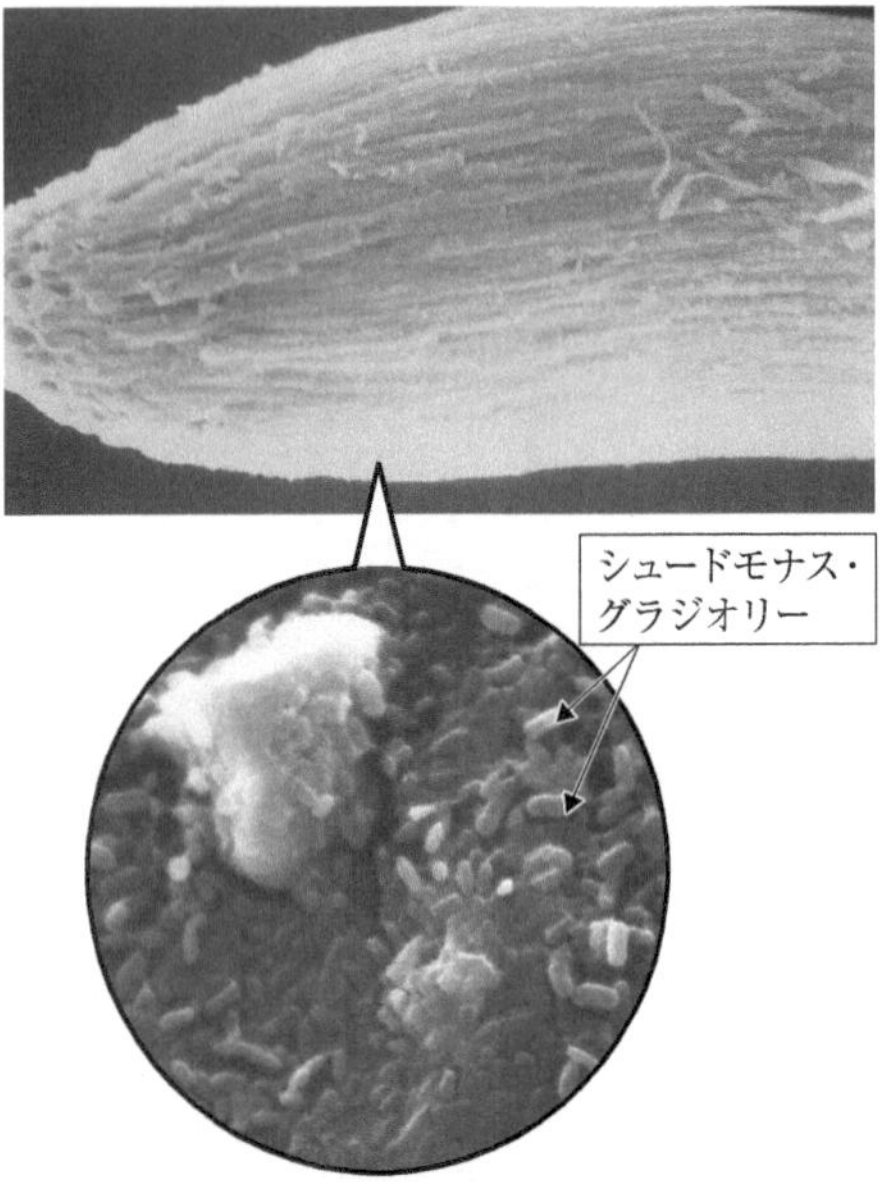

写真6－5　長ネギの毛細根とその表面に生息するシュードモナス・グラジオリー

していないことが明らかになりました。

そこで、土壌病害と長ネギの因果関係について調べたところ、長ネギの根にはシュードモナス・グラジオリー（細菌の一種で善玉菌）が共生していることがわかりました。シュードモナス・グラジオリーはピロールニトリン（抗生物質の一種）を産生し、これがユウガオに連作障害を惹起する病原菌（フザリウム・ラゲナリア）を抑える働きがあることが明らかになりました。また、長ネギの混植は土壌微生物相を豊かにする働きがあり、これも土壌病害の発生を抑えていました。

長ネギの根にシュードモナス・グラジオリーを接種し、これを土壌病原菌で汚染された土にユウガオと混植したところ、長ネギを混植しなかったユウガオは全株発病・枯死しましたが、長ネ

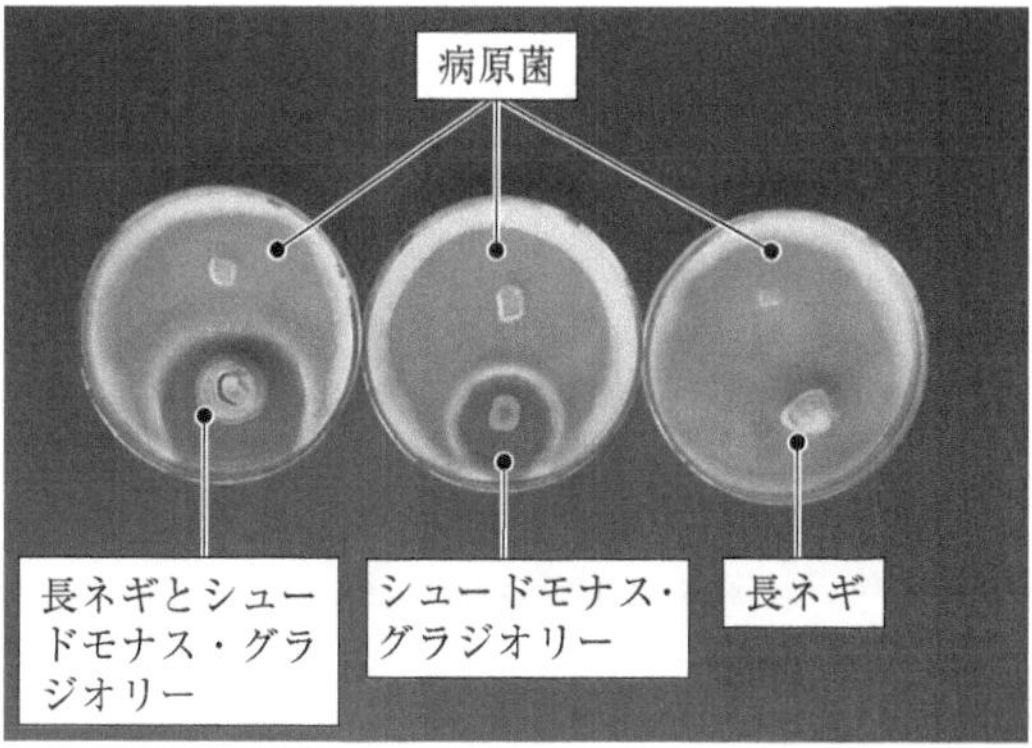

写真6－6　長ネギ（右）、シュードモナス・グラジオリー（中央）、長ネギとシュードモナス・グラジオリー（左）

写真6－7　ユウガオつる割病の防除効果。左が長ネギと混植したもの、右が無処理のもの

写真6－8　ユウガオつる割病の防除効果。左がニラと混植したもの、右が長ネギと混植したもの、中央が無処理のもの

ギを混植したユウガオは土壌病害がまったく発生しませんでした。このことから、ユウガオと長ネギを混植する伝承技術の一部が科学的に解明されました（写真6－5、6－6、6－7、6－8）。

その後、長ネギを混植する方法を他の野菜類において実験したところ、長ネギとの混植でメロンつる割病、スイカつる割病（写真6－9）、キュウリつる割病が防除されました。また、長ネギを同じネギ属のニラに替えたところ、トマト萎ちょう病、ナス半枯病を防除することができました。さらに、この技術が各地で応用されて、ホウレンソウと葉ネギ、カボチャと長ネギ、イチゴと長ネギ、プラムとニラ、バニラとニラ、ゴーヤーと長ネギなどで防除効果が実証されました。

ネギ属植物の混植による土壌病害の防除法は、ネギ属の根に拮抗微生物が繁殖し、抗菌物質を土壌中

写真6－9　スイカと長ネギの混植

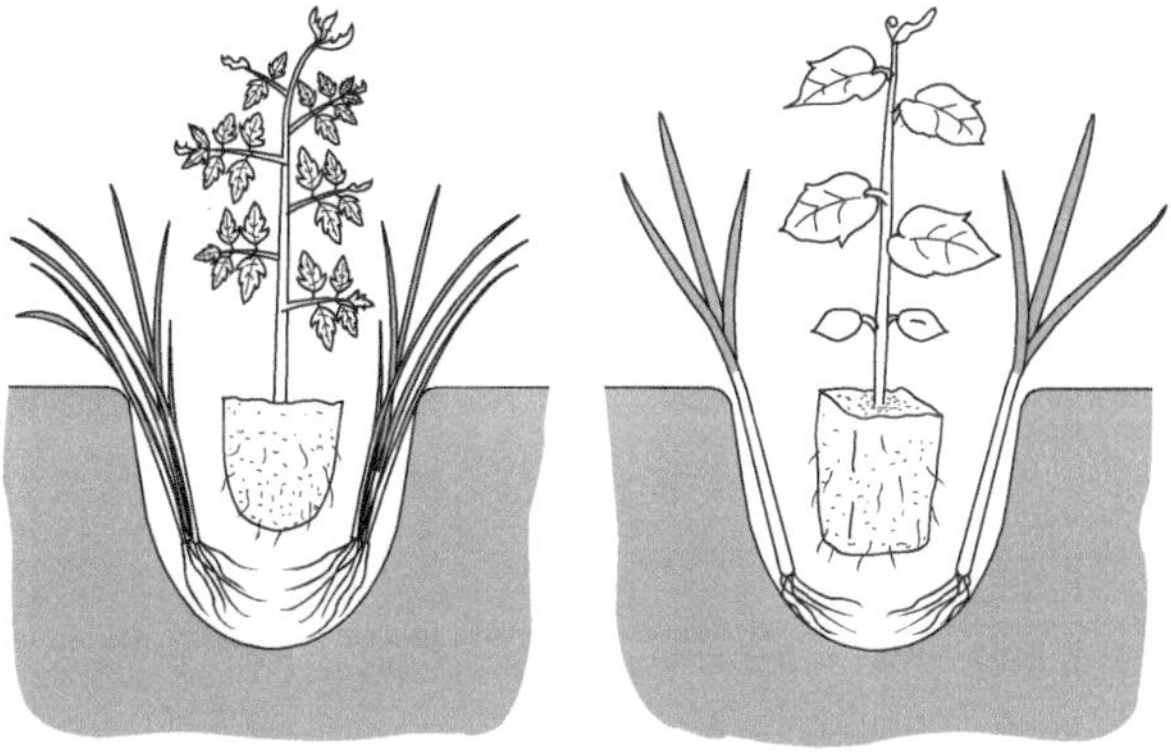

図6－1　コンパニオンプランツの概念図

に拡散することで防除効果が発現します。このため、ネギ属と野菜の根圏が一致することが大切です。根を浅く、広い範囲に伸ばすウリ類（キュウリなど）には長ネギが向き、深い位置に根を伸ばすナス科（トマトなど）ではニラが向いています（図6－1）。また、ホウレンソウは収穫期を同じにするため、ホウレンソウの播種直後、1ヵ月間育苗した葉ネギを混植します。こうすることによって、ホウレンソウと葉ネギが一緒に収穫できます。

トウモロコシとハッショウマメ

ブラジルにはトウモロコシとハッショウマメを混植する伝承技術があり、混植された畑では雑草が少なくなるといわれていました。ハッショウマメはL－ドーパ（アミノ酸の一種でパーキンソン病の治療薬）を産生します。L－ドーパは多くの雑草を抑える働きがありますが、トウモロコシの生育には影響を与えません。このため、ハッショウマメを混植されたトウモロコシ畑で雑草が少なくなることが明らかにされました。

トウモロコシは、5月上旬のトウモロコシの播種と同じ時期に、株の両側にハッショウマメを播種します。

アブラナ科とレタスで害虫防除

ブロッコリーやハクサイの葉がレースのように穴だらけになってしまったことを経験した方は多いと思います。ブロッコリー、ハクサイ、キャベツなどのアブラナ科野菜には、アオムシ（モンシロチョウの幼虫）、ヨトウムシ（ヨトウガの幼虫）、コナガの幼虫などが好んで食害します。アブラナ科野菜の近くに、レタスやシュンギクなどキク科野菜あるいはサルビアがあると、害虫の被害が少ないといわれています。サルビアはモンシロチョウとコナガを忌避させ、レタスはモンシロチョウ（アオムシの成虫）、ヨトウガ（ヨトウムシの成虫）、コナガを忌避させる働きがあります（写真6－10）。

写真6－10　レタスとブロッコリーの混植。ヨトウガ、モンシロチョウ、コナガが忌避される（防虫ネットと同じ効果がある）

このように、昆虫にはそれぞれ好みがあります。アブラナ科野菜は食害できてもキク科の野菜は食害できないなど、昆虫には進化の過程で獲得した食餌植物と深い関係があります。

キャベツやブロッコリーなどアブラナ科の野菜畑で、モンシロチョウの飛翔行動を観察すると面白いことに気がつきます。ただ飛び回っているのではなく、どうやら野菜を選びながら、飛翔し、好みの野菜を発見したら、着葉して産卵しているようです。同じアブラナ科の野菜でも子孫が健康に育てる株を選んで産卵します。この時、モンシロチョウの嫌いな野菜が近くにあると、避けて飛翔します。モンシロチョウ、ヨトウガ、コナガが嫌う野菜類はレタス、サニーレタス、サンチュ、シュンギクなどのキク科です。

キャベツやブロッコリー5株にサニーレタス1株を混植します。こうすると、モンシロチョウなど害虫の産卵行動が抑制されます。なお、混植密度は好みに合わせて行っても大丈夫で、レタスの需要が多い家庭では交互に植え付けます。また、レタスはタバコガの幼虫が食害しますが、アブラナ科の野菜類はタバコガを忌避しますので、相互に害虫の被害を防ぎます。キャベツ、ブロッコリー、ダイコン、ハクサイ、チンゲンサイとレタス、サニーレタス、サンチュ、シュンギクはいずれも混植可能ですので、利用する野菜に合わせて、組み合わせると良いでしょう。

なお、畑の周囲にアブラナ科の野菜や雑草がない場合は、害虫の嫌いな野菜類（キク科）が近くにあっても、モンシロチョウなどの害虫は子孫を残すために、しかたなくアブラナ科野菜に産卵しますので、被害を受けます。この場合の対策は、肥料をたっぷり施用した害虫の好む「おとり野菜」を畑の周囲に栽培します。害虫は子孫が繁栄する肥料たっぷりの「おとり野菜」にたくさん産卵し、健康な野菜（有機質肥料控えめ）には産卵しません。このように何株かを犠牲にすることで、多くの株を助けることができます。畑の中で食害される株とそうでない株が観察されますが、このような理由からかもしれません。

マメ科の混植・間作・輪作

マメ科の根には根粒菌や菌根菌が共生しており、根粒菌は空気中の窒素を固定して供給します。また、菌根菌は根では吸収できないミネラルを土壌中から分解して供給します。このため、マメ科を混植・間作・輪作に用いると、混植された野菜は窒素やミネラルの働きで生育が促進されます。また、根には異なった根圏微生物が生息しますので、微生物相が豊かになり、土壌病害が発生しにくくなります。さらに、異なった微生物は野菜に刺激を与え、抵抗性が誘導されるため病害虫に強くなります。

写真6－11　ナスとラッカセイの混植。ナスの生育が促進される

混植に利用されるマメ科はラッカセイ、インゲンマメ、ダイズ、ハッショウマメなどです。トマト、ナス、ピーマンなどナス科野菜にはラッカセイを混植します（写真6－11）。ナス科野菜が定植後、活着したら、株の両側にラッ

カセイを播種します。ラッカセイは株元に繁殖しますが、そのまま生育させます。トマト、ナス、ピーマンは生育が促進され、雑草も少なくなります。

ルッコラは3月中旬〜9月中旬に播種できますが、9月中旬に播種し、冬期間生育したルッコラに5月中旬に蔓ありインゲンマメを播種あるいは移植します。インゲンマメはルッコラに日陰を提供し、ルッコラはインゲンマメの根を乾燥から守ります。

サツマイモは5月上旬〜6月下旬、畑に直接挿し木し、株の両側にダイズを播種します。相互に生育が促進されます。5月上旬に播種したダイズは7月中旬にエダマメとして収穫できます。サツマイモは挿し木後110日が収穫の目安になります。

間作にはキャベツと赤クローバー、トウモロコシとダイズ、タマネギとクリムソンクローバー、ナスと蔓なしインゲンマメ、ダイズとチャービルなどがあります。赤クローバー、ダイズ、クリムソンクローバー、インゲンマメ、チャービルがキャベツ、トウモロコシ、タマネギ、ナス、ダイズに寄生する害虫の忌避や天敵の温存に役立ちます。

輪作にはダイコン、ラッキョウ、タマネギなどの前作にクロタラリアを栽培し、これを鋤《す》きこむ方法があります。クロタラリアにはセンチュウを防除、空気中の窒素を固定して地力を高める、深い根が土を軟らかくするなどの効果があります。

ヒガンバナ、スイセンでネズミ、モグラが忌避

家庭菜園はモグラの被害を受けることが多々あります。ほとんどの家庭菜園では堆肥化施設がないことから、未発酵の落ち葉や枯れ草、家庭から排泄された生ゴミなどが用いられますが、未熟な有機物はダンゴムシや大型ミミズなどの餌となって、第1次分解が始まります。ところが、モグラはミミズを大好物としますので、モグラにとって、ミミズの発生する家庭菜園は餌が十分にある最適な環境条件になります。家庭菜園でモグラの被害が多いのはこのためです。

秋の彼岸ごろになると、水田の畦畔《けいはん》や溜め池の土手にはヒガンバナが咲き始めます。ヒガンバナは毒草として嫌われることが多いのですが、水田や溜め池の畦畔に穴をあけて漏水の原因となるモグラやネズミを忌避させる伝承技術として継承されてきました。

ヒガンバナはリコリンを鱗茎に集積します。リコリンは動物に強い毒性を示すため、水田や溜め池の畦畔にヒガンバナが植えられると、地下に穴を掘って移動するモグラやネズミが忌避すると考えられています。リコリンは同じヒガンバナ科のスイセンの鱗茎にも集積するため、スイセンもモグラやネズミを忌避させる働きがあります。

家庭菜園では畑の周囲をヒガンバナあるいはスイセンで囲み、モグラとネズミの侵入を防ぎます。また、ヒガンバナとスイセンには草を抑える働きもあるため、雑草防除にも利用できます。

オオバコ、クローバーでウリ類うどんこ病防除

カボチャやキュウリなどのウリ類はうどんこ病に冒されやすいため、家庭菜園でうどん粉をかけたように、真っ白になった葉を見かけることがあります。ところが、発生が激しいため、防除を諦めて放置した圃場で、いつの間にかうどんこ病がなくなっているのを観察することがあります。このような畑で、うどんこ病に冒された葉を観察すると、うどんこ病の菌糸が黒く変色しています。顕微鏡で調べてみると、うどんこ病菌の菌糸に別の微生物が寄生しているのが観察されます。うどんこ病に寄生している菌はアンペロマイセスで、病原菌に重複寄生する微生物です。

アンペロマイセスに寄生されたうどんこ病菌は栄養分を吸収され、やがて死滅します。このため、ウリ類のうどんこ病は自然に治ります。

うどんこ病はウリ科を含め多くの野菜類に発生します。また、オオバコやクローバー、シロツメクサなどの雑草にもうどんこ病は発生します。アンペロマイセスは野菜、雑草を問わずすべてのうどんこ病菌に寄生します。また、アンペロマイセスはうどんこ病が発生していないときは胞子を作って休眠します。

野菜や草に発生するうどんこ病は寄生性が狭く、キュウリの菌はキュウリ、オオバコの菌はオオバコにのみ寄生することができます。このため、雑草にうどんこ病が発生していても野菜に伝

染することはありません。

うどんこ病の防除には、こうした原理を利用します。すなわち、うどんこ病が発生しやすいキュウリやカボチャを栽培する場合、オオバコなどの雑草を叢生させ、雑草にうどんこ病を発生させます。もし、雑草にうどんこ病が発生していない場合は、野原でうどんこ病に発病した同じ雑草の葉を集め、畑の雑草に散布（接種）します。やがて、雑草のうどんこ病菌にはアンペロマイセスが寄生します。雑草で増殖したアンペロマイセスはキュウリやカボチャにうどんこ病が寄生すると、すぐにうどんこ病菌に寄生してこれを防除します。

6-5　避けたい組み合わせ

アブラナ科はジャガイモの生育を抑える

避けたい植物の組み合わせもあります。アレロパシー（他感作用）による生育抑制や病害虫の伝染源となる植物です。

アブラナ科の野菜はジャガイモの生育を抑える物質を産生します。特にキャベツはジャガイモの生育を抑える働きが強く、隣の畝にキャベツが植えられた場合でもジャガイモの生育は極端に

表6－4　一緒に植えるのを避けたい（注意する）組み合わせ

農作物名	避ける植物名	現れる障害
アブラナ科	ゴマ	共に生育が悪くなる
イチゴ	ニラ	生育が悪くなる
キュウリ	インゲンマメ	センチュウが多くなる
ジャガイモ	キャベツ	生育が悪くなる
	トマト	生育が悪くなる
	ピーマン	生育が悪くなる
スイカ	インゲンマメ	センチュウが多くなる
ダイコン	長ネギ	根が曲がる（枝根にな
トマト	ジャガイモ	る）
ナス	トウモロコシ	生育が悪くなる
ニンジン	インゲンマメ	生育が悪くなる
メロン	インゲンマメ	センチュウが多くなる
レタス	ニラ	センチュウが多くなる
野菜類全般	ベリー類	生育が悪くなる
	ローズマリー	生育が悪くなる
	ラベンダー	生育が悪くなる
		生育が悪くなる

悪くなります。このため、ジャガイモのそばにアブラナ科野菜を植えることは禁物です。また、アブラナ科とゴマは相互に悪影響を及ぼし、混植はアブラナ科野菜とゴマ、両方の生育が極端に悪くなります。

ネグサレセンチュウやネコブセンチュウはインゲンマメに好んで寄生するので、インゲンマメはセンチュウを増殖させます。このため、センチュウに弱いスイカ、メロン、キュウリなどのウリ類とインゲンマメの混植、間作、輪作は避けます。

第7章 植物の生理・生態を利用した栽培技術

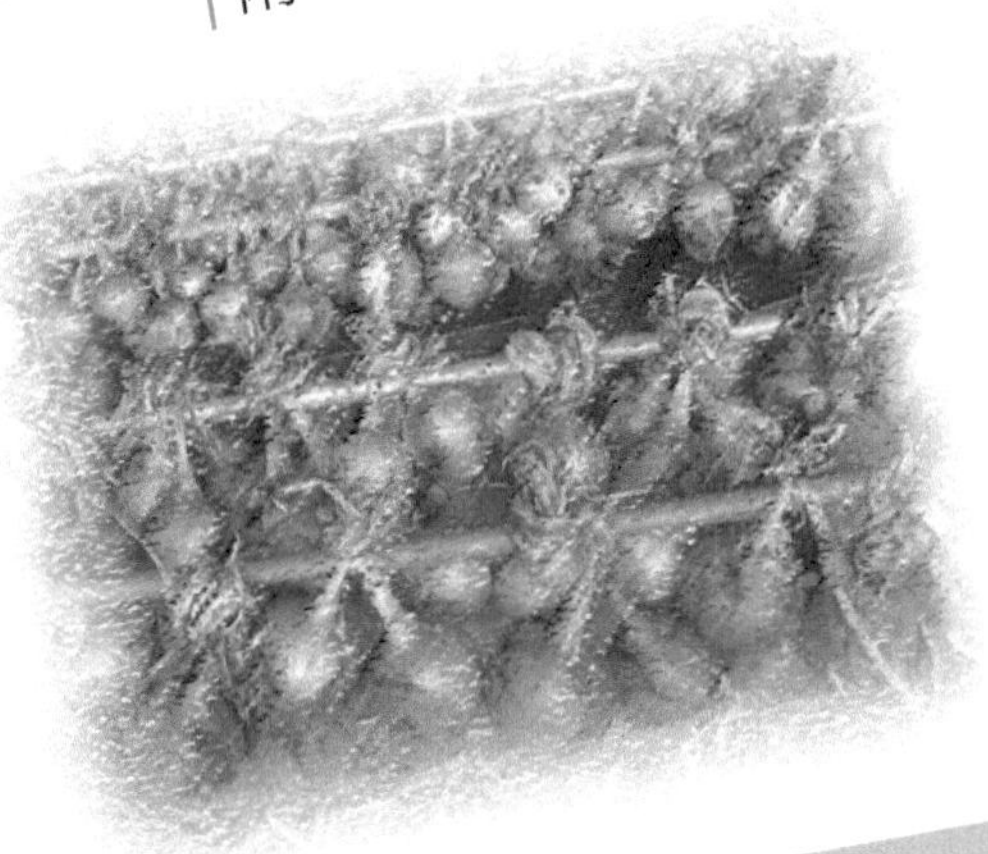

7－1　植物の生存戦略を利用した栽培技術

開花しないと大玉ラッキョウになる

植物は条件が良いと、茎葉を伸長させるなど栄養生長を続け、実を結ぶなどの生殖生長を始めようとしません。逆に条件が悪くなると、生殖生長を始め、実を結び速やかに子孫を残そうとします。ただし、一年草の場合、結実はその個体の一生の終わりを意味します。

植物が開花し実を結ぶのは、子孫を残すために生命体として必要な生存戦略です。しかし、農作物は植物にとって、かならずしも好ましい時期に収穫されるとは限りません。水稲、麦類、豆類などの穀物は種子を収穫し、果樹類、イチゴ、メロン、スイカなどは完熟果実を収穫するため、植物の生存戦略と農耕は一致するものの、ホウレンソウ、コマツナ、ミズナ、ネギ、ハクサイなどの葉菜類は開花前に収穫され、ピーマン、キュウリ、ナス、オクラ、トウモロコシなどの果菜類は未熟な果実を収穫するため、植物の生存戦略とは一致しません。

そのため、植物の生存戦略と同じように農作物を栽培した場合は、期待する収穫物が得られないことがあります。そこで、植物の持つ矛盾を活用して栽培する方法について考えます。

沖縄県の島ラッキョウ（小玉ラッキョウ）、福井県の花ラッキョウ（同）、鳥取県の大玉ラッキョウを同じ場所で栽培すると、いずれも同じ大きさと形に生育します。これらは、産地が違うだけで、同じ品種だからです。小玉ラッキョウは密植して、3年目に収穫します。いっぽう、大玉ラッキョウは株間を十分に確保して植え、2年目に収穫します。小玉ラッキョウは開花しますが、大玉ラッキョウは開花しません。しかし、2年目で収穫する大玉ラッキョウを密植すると、老化し分球が多くなり、開花して小玉ラッキョウとなります（図7－1）。これは、生育条件が良いといつまでも個体維持の栄養生長を続け、生育条件が悪いと速やかに種族維持の生殖生長を始めるからで、生物に備わった栄養生長と生殖生長の矛盾から生じるといえます。これを利用すると、栽培する場所が異なっても、それぞれの産地特徴（産地によって異なる形状や品質）を生かした栽培が可能になります。

ホウレンソウやコマツナなどの葉菜類は養水分を抑えストレスを与えると、不十分な生育でも生長を止め開花するため、葉物野菜としては商品になりません。逆に、多肥条件で甘やかして育てると、いつまでも栄養生長を続け、収穫期間が長くなります。イチゴ、メロンなどの果菜類は多肥条件で育てると、栄養生長を続けて花芽を分化せず、実がなりませんが、ポットや隔離ベッドなどで、水分を抑え低栄養条件で育てると、花芽分化が促進されます。果樹類は剪定などで少しいじめて（ストレスを与えて）育てると、花芽分化が促進され、期待した収穫物が得られま

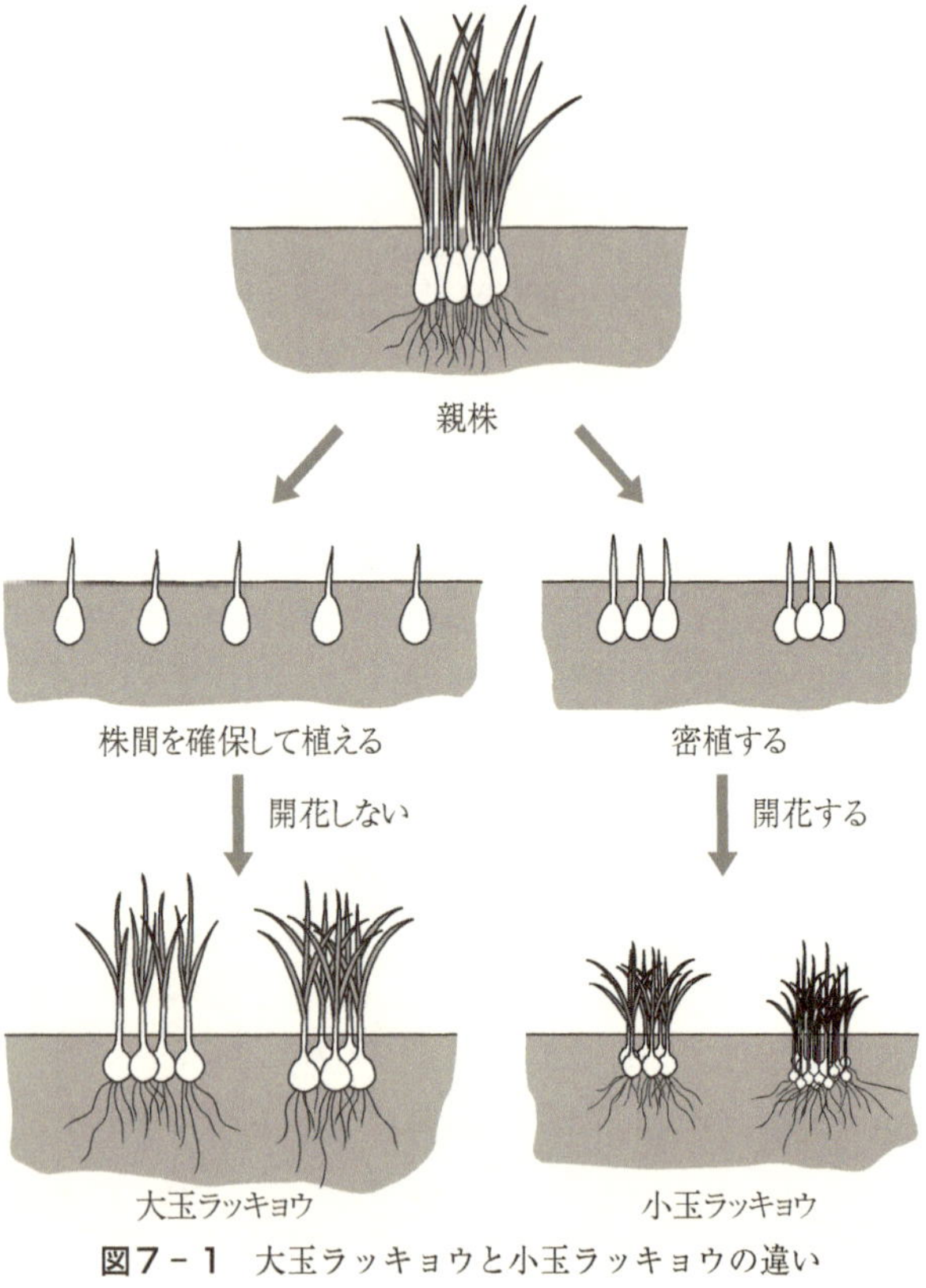

図7－1　大玉ラッキョウと小玉ラッキョウの違い

す。ただし、限界を超えたストレスは作物本体が萎縮するため、適度に行う必要があります。

これらは、農業では摘心、摘葉、腋芽取り、根切り、剪定、捻枝などの技術として確立されていて、家庭菜園にも適用できます。生物に備わった栄養生長と生殖生長の矛盾を利用した栽培方法を次に示します。

インゲンマメの若採り

インゲンマメには蔓性と蔓なしがありますが、資材や畑の条件を考えて選択します。まず播種ですが、1粒で播種すると、発芽に時間を要しますし、根が深く伸長することができません。そこで、1穴3粒を直まきします。発芽と発芽揃いがよくなりますが、発芽後、子葉の形の悪い株は種子伝染性のウイルス病や炭疽《たんそ》病感染の恐れがありますので、まず間引きします。さらに、本葉4～5枚のころ1本立ちとします。ポットで育成した苗を移植する場合は1ポット2本立ちのまま、本葉4～5枚のころ植え付け、2本立ちのまま生育させます。なお、移植が遅れると浅根になりますので、若苗を植えるようにします。

蔓性のインゲンマメは節数が収量を決めますので、生育初期は水かけを控えめにし、節間を伸ばさないように注意します。

収穫はできるかぎり若採りします。収穫が遅れ、サヤの中の豆が肥大を始めると、新たな花芽を形成することを止め、豆の肥大に養分を供給するようになります。このため、収穫遅延は栄養生長から生殖生長を促進し、インゲンマメ栽培の終了を意味します。特に蔓なしは収穫遅延で豆が硬くなると、完全に生育を停止しますので、サヤが肥大する前の若採りを心がけます。若採りされた株は若さを保ち、次々と新たな花を咲かせ、実（豆）がなります。

写真7－1　イチゴの空中採苗

イチゴの花芽分化

イチゴの花芽は18℃以下の低温で分化します。このため、促成栽培は高冷地で育苗されてきました。ところが、栄養条件が悪いと、18℃以上でも花芽が分化します。

イチゴの育苗は高冷地育苗や、空中採苗のポット育苗が多く用いられるようになりました（写真7－1）。これらは、花芽分化促進や、炭疽病や萎黄病などの伝染防止、単位面積あたりの採苗本数を多く得るために行われる技術です。なお、ポット育苗は低栄養条件となるため、花芽分化が促進されます。

炭疽病の伝染は胞子の飛散で行われますが、それには葉の結露が必要条件となりますので、葉

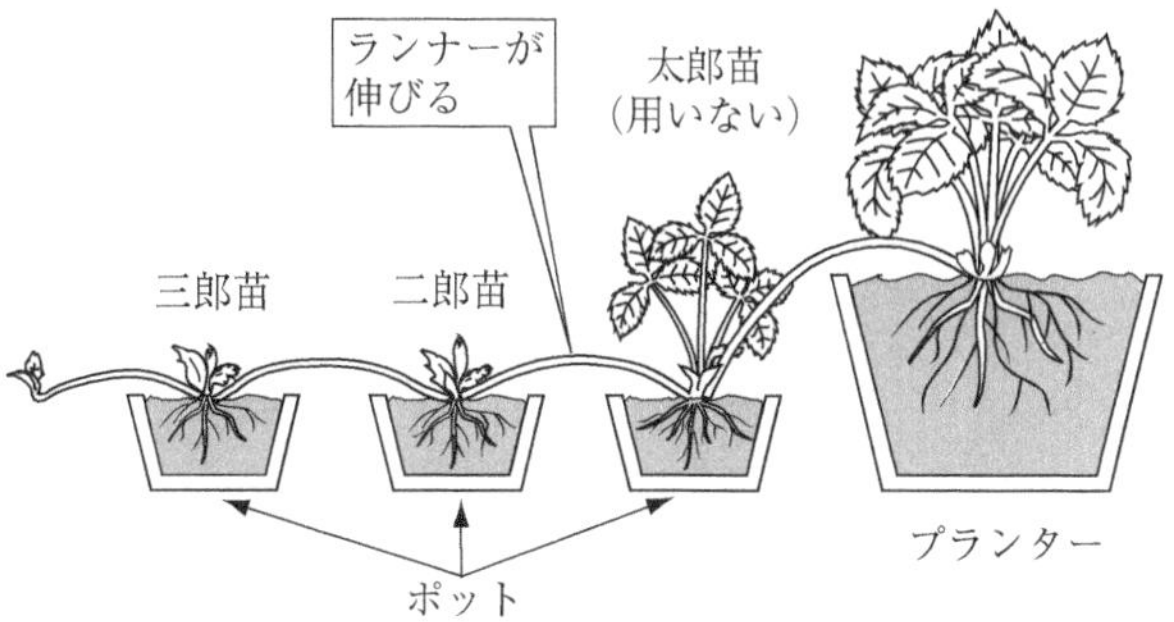

図７－２　イチゴの萎黄病からの防除

に直接水がかからない雨除け栽培や空中採苗が有効となります。また、萎黄病は土壌とランナー（匍匐枝《ほふくし》）から伝染します。このため、たとえ親株が発病していても、用土が萎黄病菌で汚染されていない場合、ランナーからの伝染は太郎苗で約50％、二郎苗で25％、三郎苗で12％の伝染率と減少し、５番目の苗では０％になります。通常、萎黄病の発病した株は親株としては使用しないため、たとえ親株が病原菌に感染していても（病徴が現れない）、太郎苗を除いて採苗すれば、十分健全な苗が得られます。

そこで、親株はプランターなどに植え、病原菌で汚染されていない用土の入った空中のポットに直接ランナーを受け採苗します。平床採苗でも、親株の周囲にマルチ（ポリエチレンフィルムや敷きワラ）などを敷き、そこに同様のポットを置き、土壌に触れさせないで、ランナーをポットに受けます（図７－２）。ランナーの太郎苗は用いず、二郎苗あるいは三郎苗から採苗します。こうすることによっ

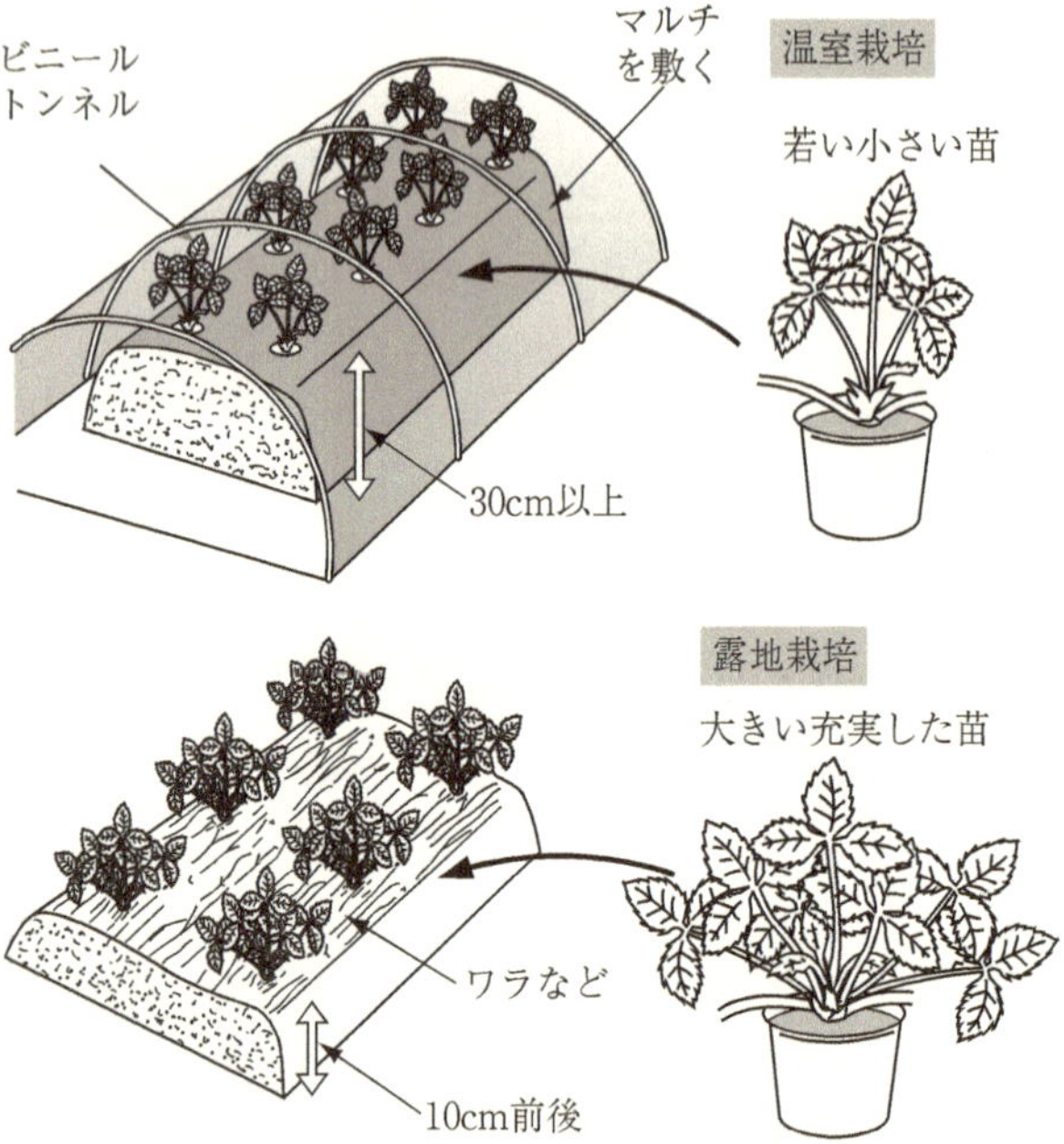

図7－3　イチゴの温室栽培と露地栽培

て、土壌とランナーから伝染する萎黄病は防除できます。

また、採苗する場所と育苗する場所は炭疽病の防除のため雨除けとし、水が直接葉にかからないよう、また、土が跳ね上がらないように、水は株元にていねいに撒きます。

次に定植です。花芽が分化していることを確認してから植え付けます。7～8月にポットに受けた苗であれば、9月中旬以降に花芽が分化しますので、9月中旬～10月中旬に定植します。温室栽培と露地栽培では畝の高さ、苗の質（大きさ）、定植時期を変えます。

温室栽培では30㎝以上の畝を作り、９月中旬～下旬に若い小さな苗を植え付けます。これは第１花房と第２花房の両方を収穫できるように栽培期間を長くする目的で、根の伸びる土を多くするためと、イチゴを老化させないためです。11月上旬に保温すると、開花後約40日で収穫できるため、クリスマスやお正月には収穫を楽しめます。

露地栽培は寒い露地で冬を越すため、寒さに強い苗とし、第１花房１回のみの収穫のため、10㎝前後の畝を作り、10月上旬～中旬大きい充実した苗を植え付けます。春先に開花しますが、株元にワラなど敷き、果実が直接土に触れないようにします（図７－３）。

ナバナの若採り

ナバナは秋に播種し、冬期間に十分生育させ、春先に出蕾させ、蕾を含む茎を収穫します。春を告げる季節感に富む野菜で、庭先の小さな家庭菜園でも十分栽培できます。地中海型気候で生まれたアブラナ科野菜の性質をそのまま利用するのが理想的な栽培方法です。

９月中旬～11月中旬に苗床に播種します。本葉４～５枚に生育したら、株間20×20㎝で畑に定植します。活着して温度が低下すると、葉は地面を這うような形になります（ロゼット）。２月中旬～下旬に茎が伸長を始め、先端に花蕾をつけます。そのまま開花させると、ナバナの一生は終わりになってしまいますので、花蕾が伸長したら、できるだけ早い時期に収穫します。こうすると、ナバナは子孫を残そうと、腋芽を次々と伸長させて開花しようとするため、長い期間収穫を楽しめます。

ジャガイモの逆さ植え

ジャガイモは、生育温度が5～28℃と広いため、沖縄県から北海道まで栽培することができますが、気温の違いによって、地域で種イモの植え付け時期が異なります。鹿児島県の沖永良部島などでは10～11月、長崎県や佐賀県では11～12月と8～9月、本州では2～4月と7～9月、東北北部や北海道では5～6月に植え付けます。また、沖縄県では年間を通じて植え付けることも可能です。

植える前にまず、種イモの準備です。ジャガイモにはヘソ（ストロンで親株とつながっていた部分）と定芽（エクボのようにへこんだ部分）があります。種イモを植え付ける前に催芽します。催芽は弱い陽の光があたるところで行うと、エクボの部分から芽が伸長してきます。なお、暗い場所で行うと芽が徒長して（長くなりすぎる）、折れやすくなりますので注意してください。

次に、ヘソの部分を切り落とします。これを農家では「乳離れ」と呼んでいます。科学的には解明されていませんが、ヘソを切り落とすと、植え付け後の生育が良くなります。最後に、芽が

2〜4個あることを確認し、かならずヘソから縦に切断し、40〜60gの種イモに調整します。ジャガイモは維管束がヘソから伸びています。このため、ヘソから横に切断すると維管束が切断され、萌芽とその後の生育が悪くなります。40g以下の小さいイモは切断せずそのまま用いますが、この場合もヘソは切断します。

植え付けですが、通常、芽のある部分を上に、切り口を下に向けて植え付けます。切り口を上に、芽を下に向けて植え付けることはタブーとされていますが、ここではタブーとされている逆さ植えを紹介します。

植え溝は通常どおり10cmに掘り下げます。溝の底に芽を下に、切り口を上に向け、土を戻します。茎はイモの下から伸長しますが、この時弱い茎は途中で伸長を止め、強い茎だけが選ばれて地上部に伸びてきます。科学的には解明されていませんが、病害虫に強くなるといわれています(図7-4)。

ジャガイモは南米が原産地で、日本には1600年頃に渡来しました。年に2回栽培することが可能であったため、二度イモとも呼ばれています。5〜28℃で生育し、12〜23℃が生育適温、30℃以上になると生育を停止します。比較的冷涼な気温を好みますが、生育温度帯が広いため、沖縄県から北海道まで栽培することができることと、栽培が簡単であるため、家庭菜園向きの主要品目の一つとなっています。

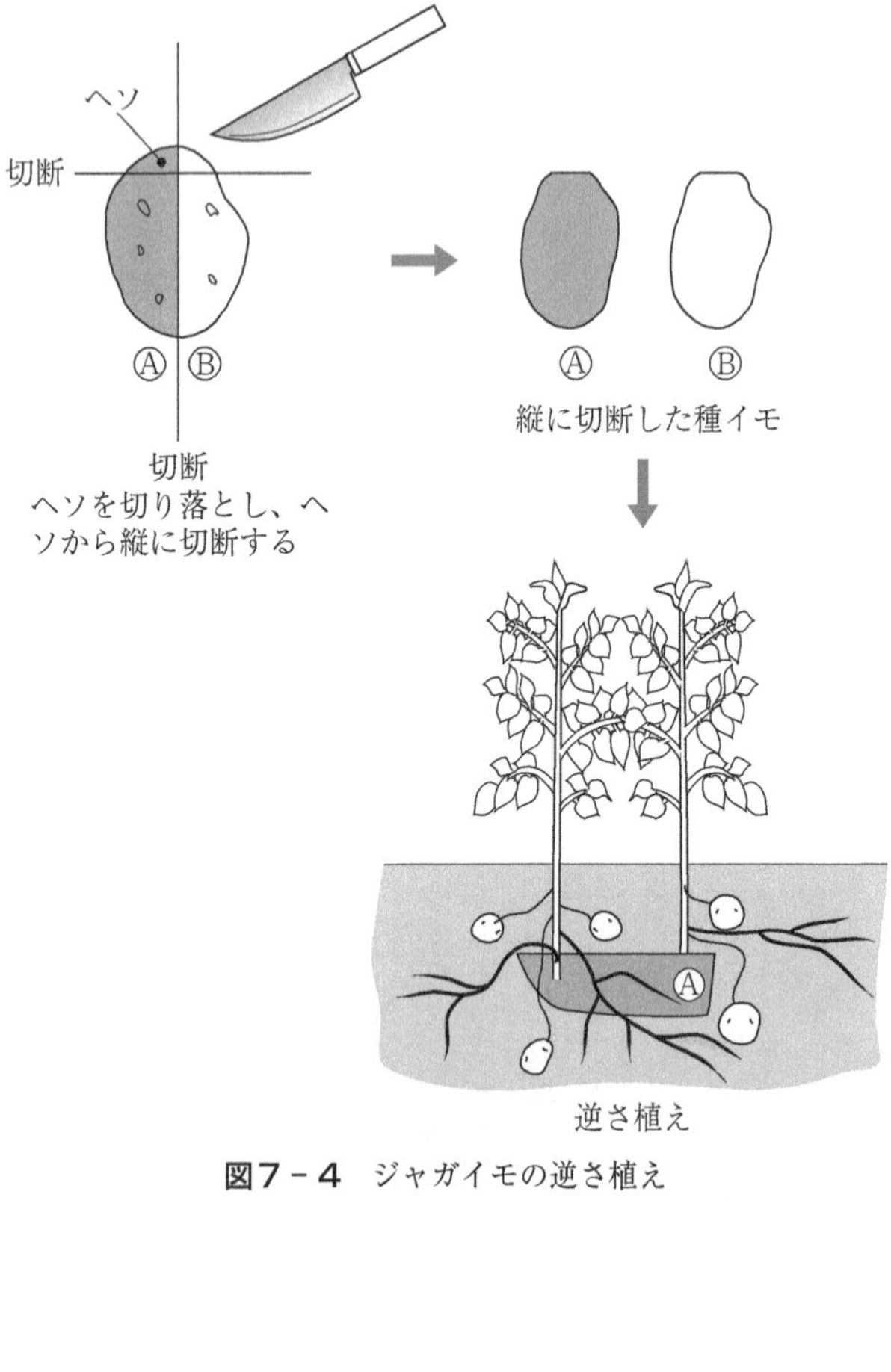

図7－4 ジャガイモの逆さ植え

キャベツの原産地と栽植密度

新聞やテレビで、玄関先のコンクリートの間や道路のアスファルトの割れ目などに根を伸ばし、立派に生育するキャベツが報道されます。「ど根性キャベツ」などと呼ばれていますが、どうして土のない場所で生育することができるのでしょうか？

キャベツの先祖はケールで、地中海沿岸が原産地です。ケールはケルト人が栽培していたのでケールと呼ばれるようになりましたが、原産地では土のほとんどない岩壁に根を下ろして生育します。岩壁に根を下ろすためには、①1個のケールだけでは岩を切り拓くことができませんので、同じケールや他の植物を排除せず仲良く生育できる、②岩から養分を吸収するため、根圏微生物を共生する、などの条件が備わっていることが必要です。キャベツはこれらの条件を受け継いでおり、「ど根性キャベツ」が生育できる理由でもあるのです。

多種の植物と共栄できることは、家庭菜園の苗作りや定植にも応用できます。たとえば、一般的な野菜類の苗は強い株が弱い株を排除してしまうため、苗の質を揃えることが大切です。ところが、キャベツは苗がやや不揃いでも、弱い株を排除することはありませんので、他の野菜類より苗作りが簡単です。

定植も一般的な野菜は株間をやや広げて栽培しますが、キャベツの場合は逆に株間を狭めて植え付けます。こうすることによって、互いに助け合って生育が促進されます。また、草はキャベツにとって雑草とはならず、逆に草が共栄植物として働きますので、抜き取らないようにします。キャベツの畑にハコベなどの草が生い茂っているのに、立派なキャベツが育っているのを観察することがありますが、これはキャベツと草が共栄している証拠です。

根圏微生物を共栄できることは、土作りにも応用できます。一般的に有機物は完熟したものを使うべきとされますが、キャベツは有機物の分解を微生物が助けてくれるため、やや未熟な有機物のほうが良い働きをします。さらに、土に石が混じっていても、ミネラルの供給源として、これを上手に利用します。

このように、「ど根性キャベツ」の秘密は、恵まれない環境や土壌、草の中でもしっかり育てることができる、栽培を簡単に行える秘密でもあります。

サツマイモの2つの植え方

サツマイモを収穫したことのある人は、同じ品種を同じ畑で栽培したのに、地上部の姿に関係なく、イモが株の近くであったり、遠く離れていたり、また、丸かったり、長かったりするのを経験していることと思います。サツマイモの形はどのようにして決まるのでしょう？　実はサツマイモは植え方で、イモの付く位置と形が決まります。

家庭菜園でサツマイモを栽培する場合、ほとんどの方がサツマイモの苗を購入すると思います。通常、苗は長からず短からず、適当な大きさの苗を選びますが、ここでは大小さまざまな苗が混じっていても、別々の目的で使いますので、気にしないで購入します。

長い苗は斜めに植え付けます（舟形植え）。こうすると、根は横に長く伸びます。サツマイモは根が変化した塊根であるため、株元から離れた位置に長いイモを作ります。短い苗はまっすぐ縦に植え付けます（縦植え）。こうすると、根は縦に伸びます。このため、株元近くに丸いイモを作ります（図7－5）。なお、植え方以外に土壌の種類によってもイモの形は変わります。土が硬いと、根を長く伸ばせませんのでイモは丸くなり、土が軟らかいと、根が長く伸びますのでイモは長くなる傾向があります。

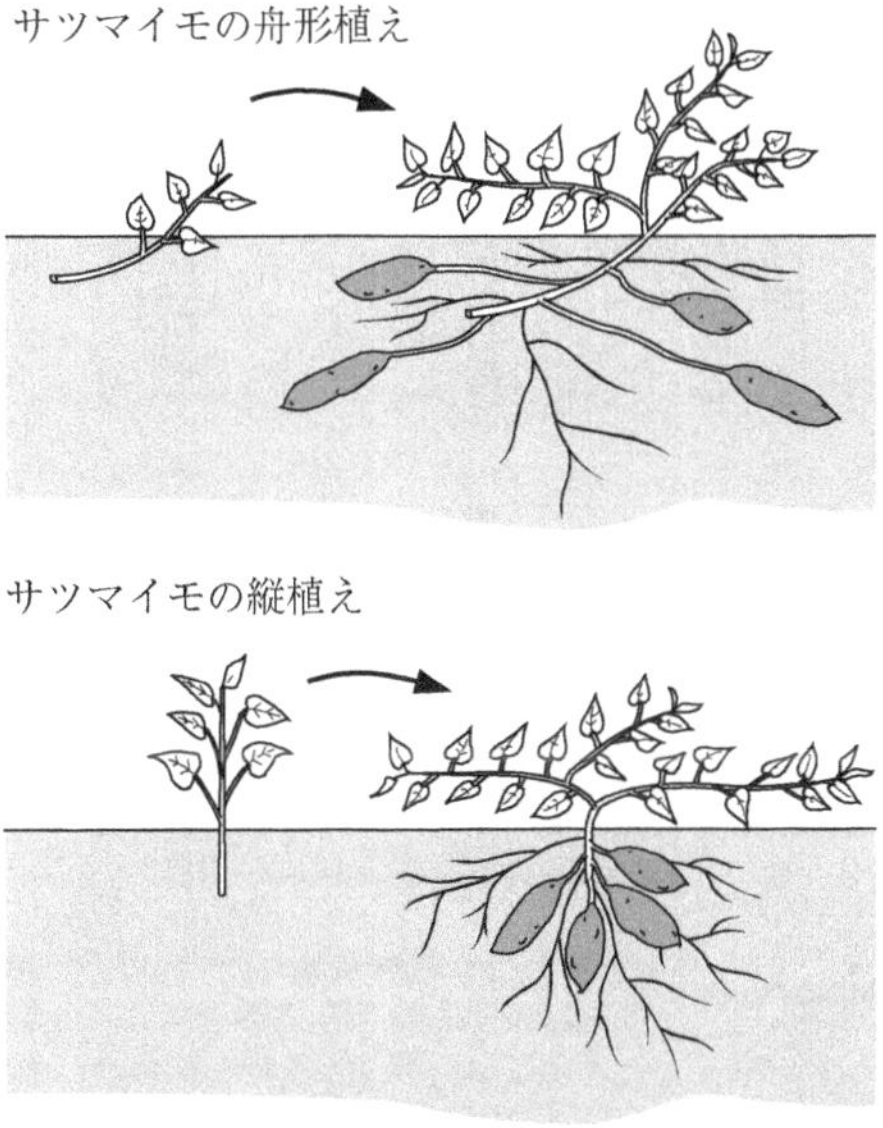

図7－5　サツマイモの舟形植えと縦植え

育てたサツマイモにどんなイモが付いているか、イモ掘りの楽しみは格別です。生育適温であると、植え付け後100〜110日で収穫できます。収穫期を遅らせると、イモは太く大きくなりますが、色や形が悪くなります。大きいサツマイモを収穫する場合は約120日で掘り上げます。また、サツマイモは外側が白色、赤色、紫色など、内側が紫色、黄色、白色など多くの品種がありますので、いくつかの品種を植えるのも楽しみの一つです。

ところで、最近、イノシシが増え、農作物の被害が目立つようになりました。サツマイモはイノシシの大好物の一つです。せっかく育てたサツマイモがイノシシに食べられては困るので、イノシシが出る地帯では畑の周囲を電気柵で囲います。

タマネギの密植

タマネギは寒冷地での4月上旬播種・5月中旬定植・8月中旬収穫と、普通栽培の9月上中旬播種・11月中下旬定植・6月中下旬収穫に分けられます。ここでは秋定植の普通栽培について紹介します。

秋に定植されたタマネギは、冬期間に葉で同化した養分を根に貯蔵し、春〜初夏に葉で同化した養分とともに鱗茎に転流して玉（鱗茎）を肥大させます。収穫量を決めるのは、定植する時期や苗の大きさ、冬期間の生育の良否です。早植えや大きい苗は、越冬前の葉数が多く、葉も大きいため、冬期間の同化量が多くなります。しかし、苗が大きすぎると（茎の太さが6㎜以上）葉で低温を感受して花芽を分化し、春に開花します。このため、養分が花に転流し、鱗茎は肥大しません。そこで、小苗を使って、定植密度と冬期間の水管理で同化量（収量）を多くする方法が有効です。

詳しく説明しましょう。冬期間のタマネギの生育は弱々しく見えますが、土を掘って観察すると、地上部の弱々しさからは想像できないほど立派な地下部となり、太い根を土中深く伸ばしています。これは、葉で同化した養分を貯蔵根に貯めるためです。タマネギの根を土中深く伸ばすためには、早植えや大きい苗が必要ですが、前述のように出蕾の原因となります。ところが、タマネギは植える密度を高くすると、小苗でも株同士が助け合って、根を土中深く伸ばすことができます。そこで、小苗を株間5～6㎝間隔と狭くし、密度を高めて植え付けます。こうすると、小さなタマネギの苗は共同して根を土中深く伸ばすことができます（図7－6）。

タマネギの原産地は地中海型気候のため、生育期間の冬は温暖で雨が多く降ります。このため、タマネギにとって水分はとても大切です。また、タマネギは根を深く伸ばす性質から、適地は粘土質より砂目の土壌です。ただ、砂目で乾燥する場所を選んで植え付けると、必然的に乾燥しやすくなります。そこで、冬、晴天で暖かい日に灌水《かんすい》して水分を供給します。こうすると、冬期間の養分の同化量が多くなり、収穫期には鱗茎同士が触れ合うほど大きく肥大したタマネギを収穫することができます。

収穫は地上部の80％が倒伏したころ、天候の良い日に、根切り（鍬《くわ》で根を切断する）し、あるいは引き抜き、3～4日間タマネギを畑で乾燥させます（乾燥が不十分であると保存中の腐敗の

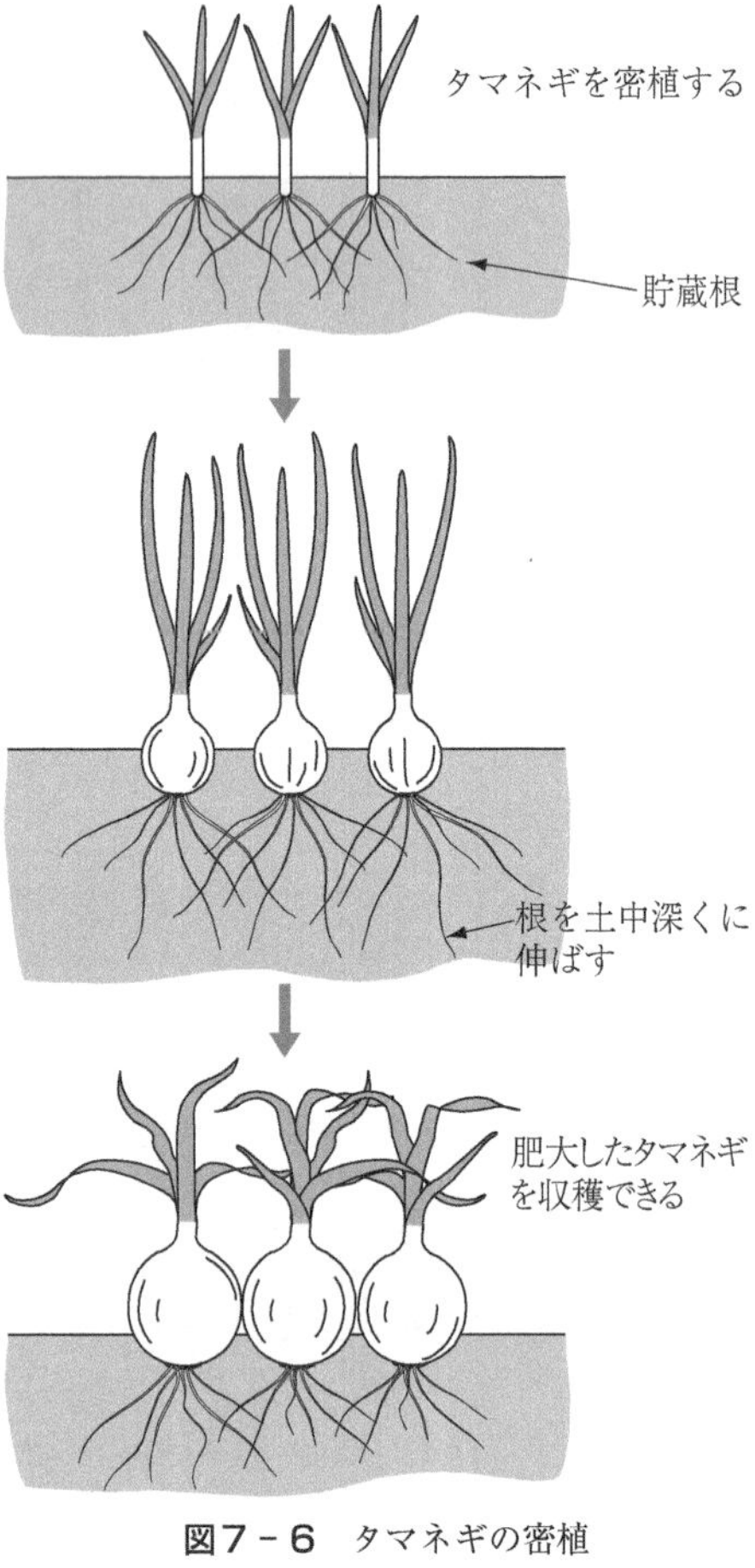
タマネギを密植する
貯蔵根
根を土中深くに
伸ばす
肥大したタマネギ
を収穫できる

図7－6　タマネギの密植

原因となります)。収穫したタマネギは5株前後を紐で結び風通しの良い場所に吊り下げるか、あるいは空気の通るコンテナで保存します。適期で天気の良い日に収穫したタマネギは、12月頃まで保存することができます(写真7－2)。

写真7－2　タマネギの保存

7－2　植物のストレスを利用した病害虫防除

野菜類は適度なストレスがかかると、病害虫に強くなり、水や温度などに対する環境適応性が高くなります。しかし、ストレスが大きすぎると、生育を停止して萎縮したり体質が弱くなり、病害虫に感染しやすくなるなどの弊害を生ずることもあります。

農業では適度なストレスを与えることで、病害虫に対する抵抗性や生育の促進などに利用してきました。根切り、剪定、摘心など一般的に定着している技術は数多くあります。ここでは、あまり一般的でない胚軸切断挿し木法、ヒートショック、

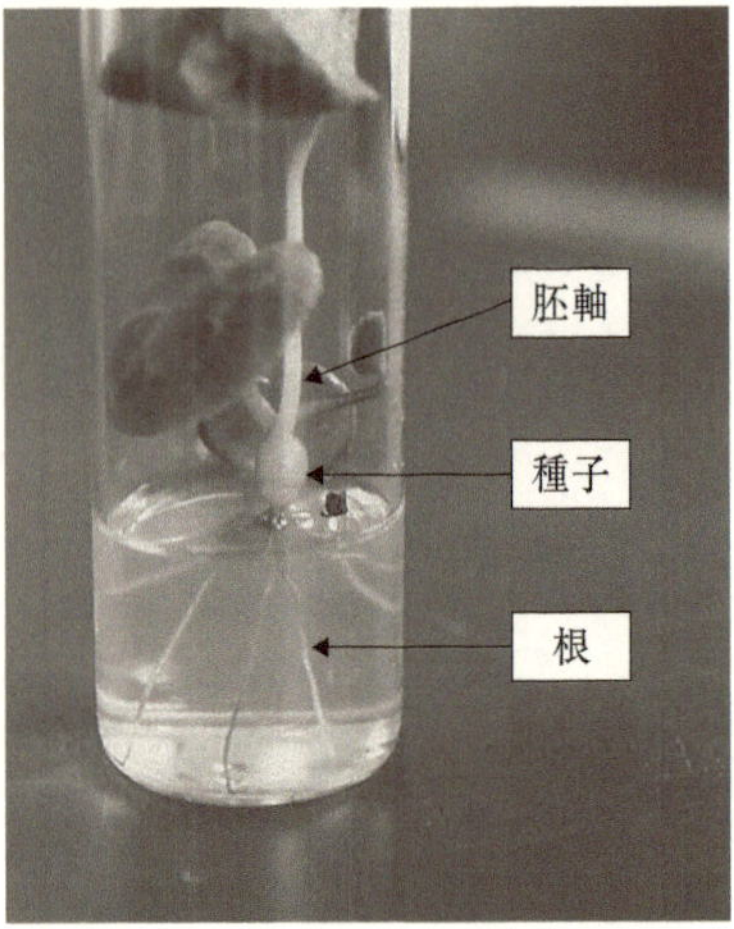

写真７－３　シクラメンは発芽すると胚軸部から微生物を取り込む

連続摘心を紹介します。いずれも、家庭菜園に適用できます。

胚軸切断挿し木法

健全な植物の組織内は無菌状態にあるといわれています。ところが、組織内に微生物が共生する植物があります。そうした例外的な植物が、シクラメンやサツマイモで、組織内には病原性を持たない微生物が共生します。

シクラメンは塊茎、葉柄、葉身、果梗、ガクのいずれにも微生物が共栄していますが、花は無菌であり、これから生じた種子も無菌です。しかし、無菌の種子から生育したシクラメンは微生物を組織内に共生しています。そこで、いつ、微生物を組織内に取り込み有菌状態になるかを調べたところ、発芽し、種子からの養分転流が終了すると、胚軸部から微生物を取り込み有菌状態になることが明らかになりました（写真７－３）。

ところで、挿し木繁殖するカーネーション、キク、サツキなどは多種・多様な微生物が繁殖する土に挿し木されます。また、果樹類は剪定によって、枝に大きな傷を受けるため、微生物の侵入が考えられます。そこで、これらの組織内を調べたところ、いずれの植物も無菌状態でした。すなわち、切り口に微生物を接種しても、病原菌を持たない微生物は植物組織内には侵入できないことを意味します。

シクラメンが胚軸から微生物を取り込むことを他の植物でも応用できないかと研究を続けました。しかし、胚軸に傷をつけるなど種々の方法を試みましたが、病原性を持たない微生物を組織内に定着させることはできませんでした。

ところが、伝承農法でウリ類の胚軸を切断し、これを挿し木して苗を育成する方法がありました（胚軸切断法）。こうして育成されたメロン（ウリ類）の苗を調べたところ、病原性を持たない微生物を組織内から分離することができました。

そこで、シクラメンが胚軸から微生物を取り込み有菌状態になる現象と、ウリ類で行われていた胚軸切断法を組み合わせました。その結果、病原性を持たない微生物を植物の組織内に定着させることが可能になりました。すなわち、発芽し、本葉展開～本葉3枚の時期に胚軸を切断し、微生物を接種したあと挿し木すると、組織内に微生物が定着することが明らかになりました。

具体的には、双子葉野菜類を播種し、子葉が展開し、本葉が1・5～3枚の時期に胚軸を切断します。次に、微生物を浮遊させた液に切り口を2時間浸漬して接種後、これを挿し木して苗を

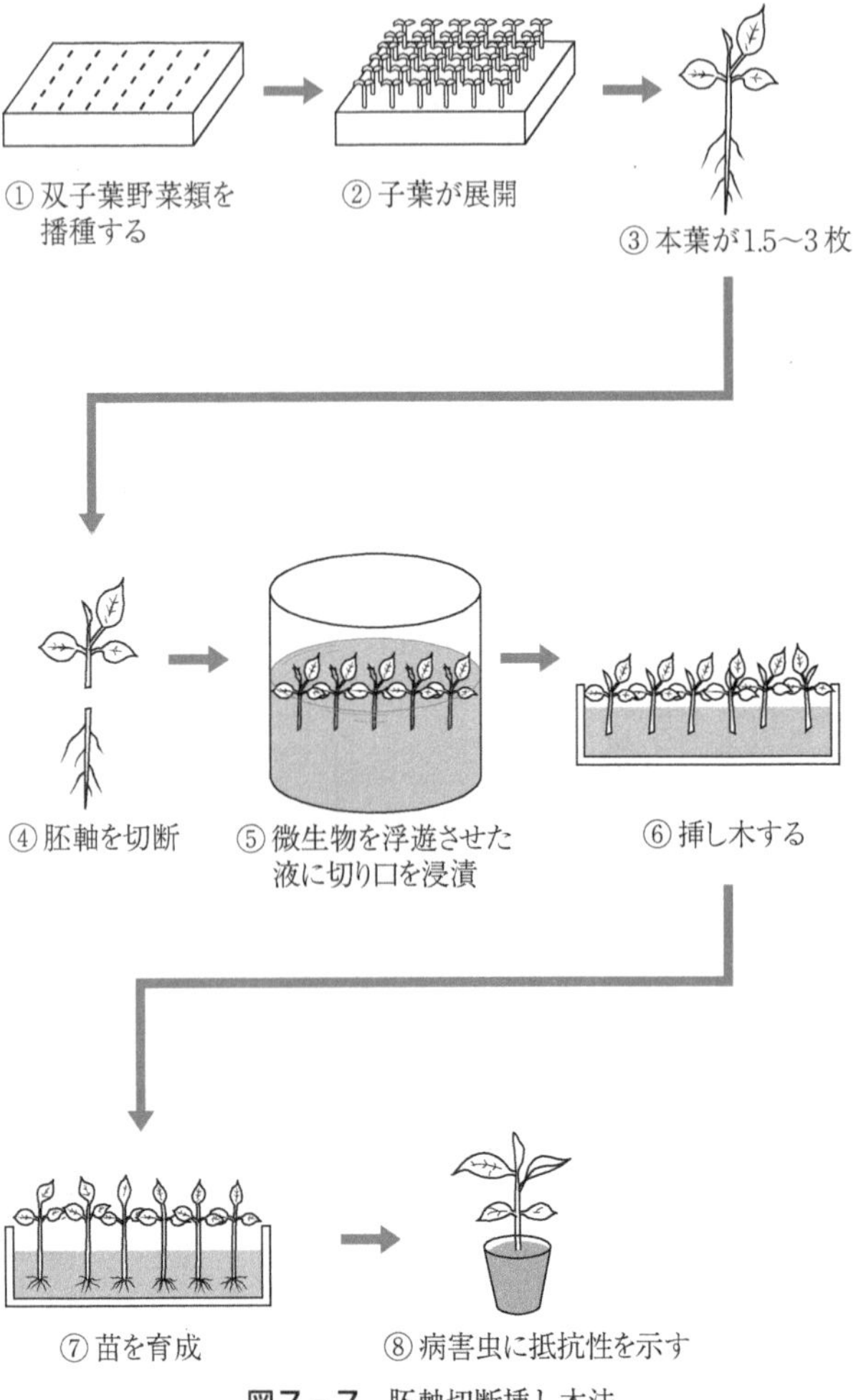

①双子葉野菜類を
播種する
②子葉が展開
③本葉が1.5〜3枚
④胚軸を切断
⑤微生物を浮遊させた
液に切り口を浸漬
⑥挿し木する
⑦苗を育成
⑧病害虫に抵抗性を示す

図7－7　胚軸切断挿し木法

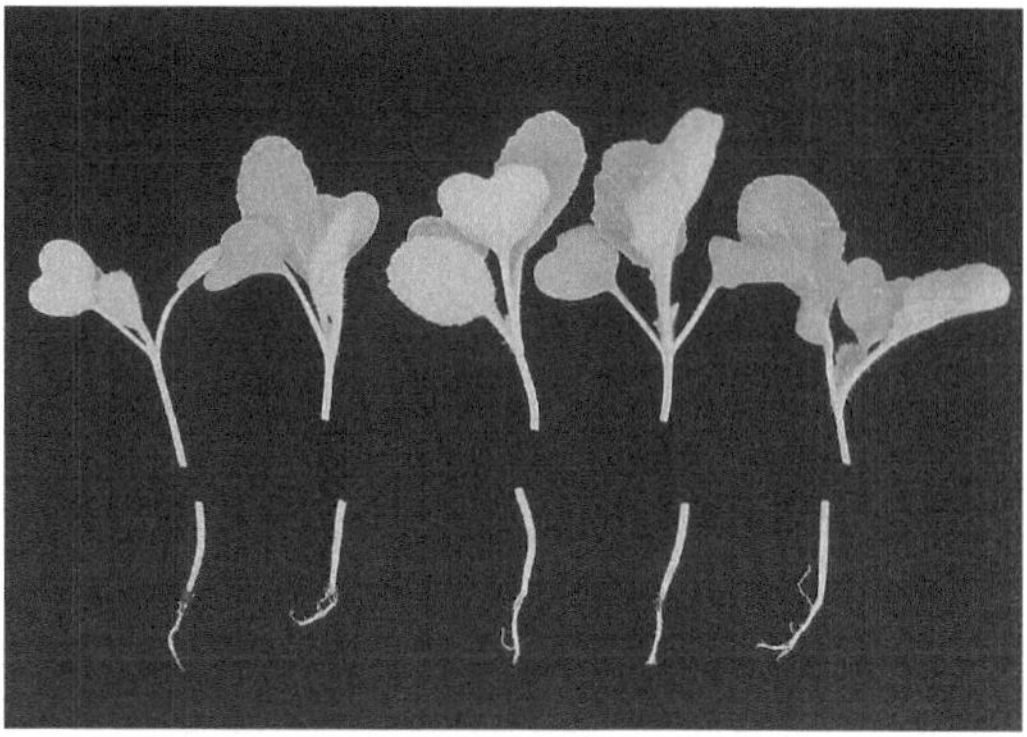

写真7－4　胚軸切断されたハクサイ

育成します。この方法で育成した植物は病害虫に抵抗性を示します。また、接種する微生物の種類によっては生育が促進されます（図7－7）。

この技術は「胚軸切断挿し木法」といわれ、キュウリ、スイカ、マスクメロン、ユウガオ、メロン、プリンスメロン、カボチャ、シロウリ、マクワウリ、ニガウリ、ヘチマなどのウリ類、トマト、ナス、ピーマン、トウガラシ、シシトウなどのナス科野菜、キャベツ、ハクサイ（写真7－4）、カブ、ブロッコリーなどアブラナ科野菜、ダイズ、アズキ、インゲンマメなどマメ科野菜、ホウレンソウ、ニンジン、レタス、オクラなどの野菜、ストック、デルフィニウムなどの花き類、ソバ、アイ、ベニバナなど多くの野菜類や花き類に応用可能です。

本葉展開～本葉3枚までの期間は、親からの従属栄養（種子）から自分自身で栄養を作り出す独立栄養への転換期間です。この時期に微生物を組織内に取り込むことができることは、動物が腸内細菌を定着させる時期と似ており、生命として共通する不思議な世界が感じられます。

以下に、胚軸切断挿し木法の適用例を紹介します。

①アブラナ科の根こぶ病の防除

アブラナ科野菜類を連作すると、土壌病害などの連作障害が発生することがあります。対策として、抵抗性品種が育成されていますが、食味や販売の関係から抵抗性品種を栽培できない場合があります。その場合に、胚軸切断挿し木を行います。

アブラナ科野菜の播種は1株を大きくするため、3㎝間隔で1粒まきとします。子葉が展開し、本葉が1・5〜3枚の時期に胚軸を切断し、これをきれいな水で2時間吸水後、移植用のポットの土に挿し木します。挿し木後は苗と土を密着させるため十分水を与えますが、多湿は禁物で、やや萎《しお》れる程度に管理します。挿し木後5〜7日で新芽が伸び始め、発根したことが確認できますので、発根したら一般の栽培方法に準じた管理とします。なお、胚軸切断挿し木法は切断と発根のストレスがかかりますので、通常より5〜7日生育が遅れます。しかし、根が更新されるため、その後の生育は自根（胚軸や根を切断しない苗）より良くなるので、やがて生育は自根と同等か、やや良くなります。

定植はかならず生育の揃った苗を植え付けます。もし、生育の悪い株が混在していると、生育

表7－1　胚軸切断の時期と挿し木温度

野菜の種類	胚軸切断時期	挿し木温度(℃)	主な野菜
アブラナ科	本葉1.5～3枚	18～23	ハクサイ、キャベツ、ブロッコリー、カリフラワー
ナス科	本葉2枚	23～28	ナス、トマト、ピーマン、トウガラシ、シシトウ
ウリ類	本葉0.5枚	23～28	キュウリ、スイカ、メロン、カボチャ、ニガウリ
マメ科	本葉1.5枚	23～28	ダイズ、インゲンマメ

の強い株が弱い株を抑え、弱い株は枯れてしまうか、あるいは結球できなくなります。この方法はハクサイ、ブロッコリー、キャベツ、カリフラワーなどアブラナ科野菜全般に応用することができます。

②ナス科の萎ちょう病などの防除

トマト、ナス、ピーマンなどナス科野菜類では、本葉2枚前後に生育した苗の胚軸を切断します。これをアブラナ科野菜と同様に2時間吸水後挿し木して、苗を育成します。トマト萎ちょう病、ナス半身萎ちょう病、ピーマン青枯病が防除できます。

③ウリ類のつる割病などの防除

キュウリ、メロン、スイカなどのウリ科野菜は子葉が展開し、子葉の間に少し葉が見え始める本葉0・5枚の時期に胚軸を切断します。その後の管理はアブラナ科野菜と同じです。キュウリつる割病、メロンつる割病、スイカつる割病が防除できます。

ヒートショック

植物は外界からさまざまなストレスを受けており、これに対応する自己防御機能を有しています。外部からなんらかの障害を受けると、障害に対応しようとさまざまな反応を示しますが、その反応の一つに病害虫に対する抵抗性誘導があります。外部からの障害が、病害虫に対する抵抗力をもたらすのです。ヒートショック法は、そうした抵抗性誘導を利用したもので、外部からの熱の刺激で病害虫に対する抵抗性を持たせます。

科学的に解明された具体例を挙げましょう。ハウス栽培のトマトで夏季換気を忘れ、温室内が異常な高温となり、瀕死の状態になったトマトがありましたが、このトマトはその後病害に感染することはありませんでした。この現象から、仲下ら（2007年）はヒートショックを研究し、シロイヌナズナとキュウリを用いた実験で、サリチル酸合成の誘導を経て、防御反応応答シグナルが活性化されることを明らかにしました。

長崎県にはミカンの葉にビワの葉を重ね、ここにお灸をすると、そうか病に感染しないとの伝承農法が伝わっています。科学的には未解明ですが、前述のシロイヌナズナ等で解明されつつある抵抗性の誘導と共通する部分があるため、メカニズムが解明されるのは、そう遠い日ではないと思われます。

トマトの連続摘心

一般的なトマト栽培では、管理や収穫作業を容易にするため、腋芽は摘み、1本立ちにします。ここでは、トマト本来の生育に合わせ腋芽を利用する連続摘心栽培を紹介します。

まず、高さ180cm以上の雨除けビニールトンネルを作ります。畝幅は通常どおり90cm、通路は90cm、株間は通常栽培よりやや広げ70cm、1畝1条植えにします。第1花房の花芽が少し見える若苗を浅植えします。1株の収量が約2倍となりますので、果実の重みに耐えられるようなしっかりした支柱を立てます。

いよいよ連続摘心です。①定植後、主茎には第1花房に続いて、第2花房も開花しますので、開花後、葉を2枚残してピンチし、第2花房直下の腋芽を伸長させます。それ以外の腋芽はすべて取り除きます。やがて、②腋芽にも葉が2枚展開すると、花が咲きますので、腋芽も第2花房まで開花させ、第2花房の上の葉を2枚残してピンチします。さらに、③腋芽にも腋芽が発生しますので、腋芽の第1花房直下の腋芽を伸長させ、腋芽の腋芽も第2花房まで開花させ、第2花房の上の葉を2枚残してピンチします。他の腋芽はすべて取り除きます。同じように、④次々と腋芽を伸長させ、第2花房の上位葉を2枚残しピンチします。⑤腋芽は第2花房の着果を確認したら、第1花房下の茎を指で潰して曲げて（捻枝）、支柱に紐でしっかりと固定します。茎を潰

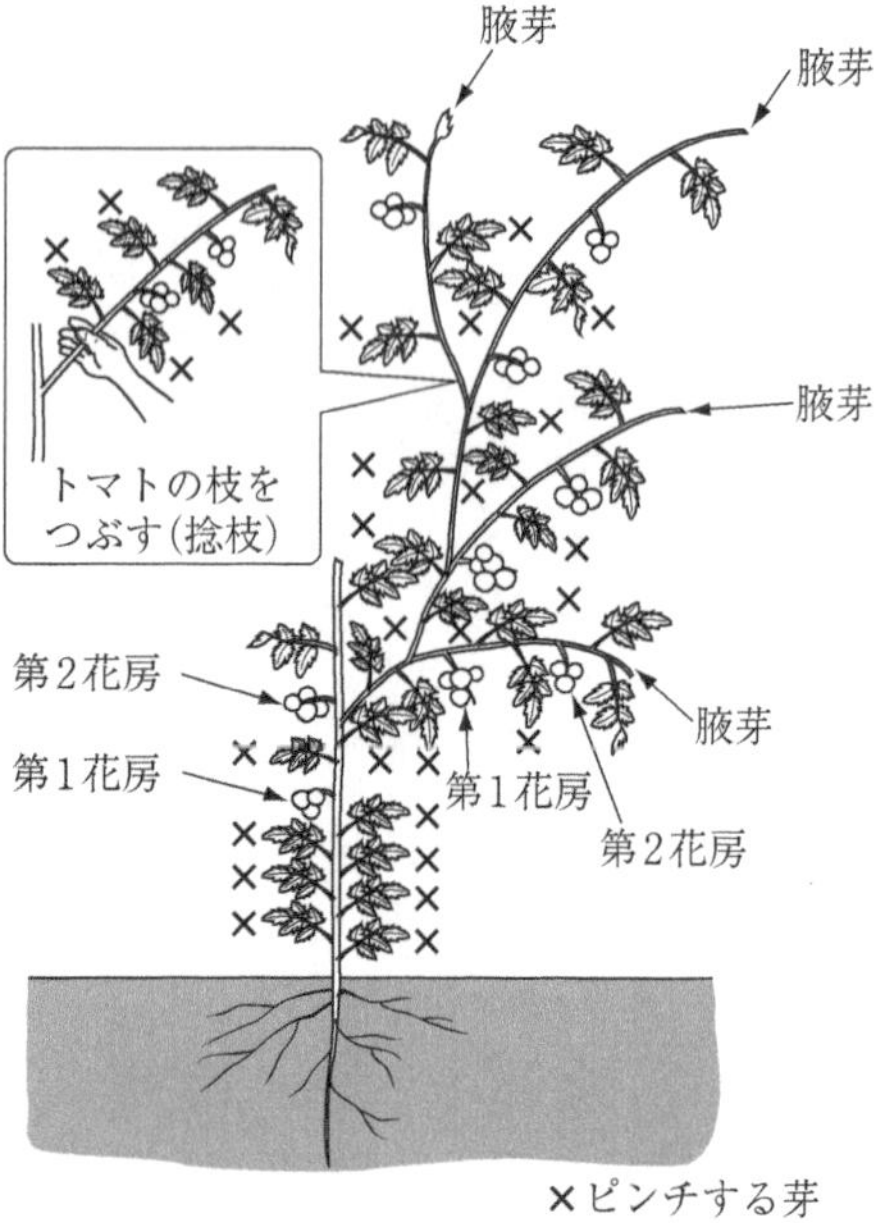

図7－8　トマトの連続摘心

さないで曲げると、折れるので注意します（図7－8）。

維管束は導管と師管に分かれており、根からの養分は茎の内側の導管で葉や果実に送られ、葉で作られた炭水化物は茎の外側の師管で果実や根に送られます。捻枝で師管が潰されているため、葉で作られた炭水化物は根に移動できず、すべて果実に送られますので、果実の肥大が良くなります。

トマトは本来地面を這うことを好む野菜です。また、原産地は雨が少なく、霧がよく発生する地域です。トマトの茎葉には毛がたくさん生えていますが、水分は根からだけでなく、茎葉の毛からも吸収します。特に夏、雨の多い日本では、茎葉から水分を吸収し、過繁茂になってしまいます。本州の夏秋栽培で雨除け栽培とするのはこのためです。

通常、播種後本葉が７枚分化すると、生長点に花芽が分化します（本葉１・５枚の時期）。次に、生長点直下の腋芽が伸び、葉が2枚展開すると、再び頂部に花芽を生じます。また、それぞれの葉の付け根には腋芽があり、これも伸長し、葉が2枚展開すると花が咲きます。このように、トマトは腋芽を発生させながら、地面を這って生育することを好みます。

レタスやトマトの雨除け栽培

野菜の葉はレタスやサトイモのようにワックスがあってツルツルしていたり、トマトやメロンのように毛が生えてゴソゴソしていたりします。なぜワックスがあったり、毛が生えていたりするのでしょうか？　じつは、前者は葉からの水分吸収を嫌う野菜で、後者はそれを好む野菜なのです。

たとえば、雨の後、サトイモの葉を観察すると、雨粒がツルツルの葉の上で、水玉になっています。これは雨滴を葉で集め、水分を株元に送るために発達した葉の形状と表面構造です。

いっぽう、トマトはアンデスの山の上で生まれた野菜です。アンデスは土が少なく岩が多く、雨が少なく霧がよく発生する地帯です。このため、トマトは地面を這い、葉や茎の毛から水分を吸収して生育することができるよう進化しました。

雨除け栽培は、この雨を好む野菜と嫌う野菜に、別々の目的で行います。

写真7－5　レタスの雨除け栽培

写真7－6　ピーマンの雨除け栽培

レタスは外葉を展開している間は雨滴を葉で集め、株元に送るため、降雨に強い性質があります。しかし、結球を始めると降雨を嫌います。特に高温時の降雨は耐病性を弱めるため、腐敗病の原因になります。このため、真夏のレタスは高冷地産となります。真夏に平地で栽培すると、外葉展開までは立派に育ちますが、高温で降雨を受けるため、結球を始めるころに腐敗します。夏平地においてもレタスの栽培を可能にするのが雨除け栽培です。レタスは通常どおり植え付けます。レタスの畝よりやや大きいトンネル用の支柱を立て、風が通るように地表から20～30㎝上までトンネルをビニールで覆い、レタスに直接雨があたらないようにします。雨除け栽培されたレタスは真夏でも立派に生育します（写真7－5）。

次はトマトの場合です。トマトは葉に雨滴が付着すると、葉から水分を吸収して盛んに繁茂します。しかし、過剰な栄養生長は落花を誘発し、生殖生長を停止します。そこで、雨の多い日本

表7－2　雨を好む野菜・嫌う野菜

葉からの水の吸収	野菜名
葉から水分を吸収（雨を好む）	トマト、メロン、ナス
葉からの水分を嫌う（雨を嫌う）	サトイモ、ピーマン、レタス

では栄養生長と生殖生長のバランスを図るため、葉からの水分吸収を抑える雨除け栽培とします。トマトを定植する前にまず雨除けトンネルを作ります。トンネルは中で管理作業が行えるように、高さ１８０～２３０㎝の雨除け支柱を立てビニールで覆います。ビニールはトマトに雨があたらないようにトンネルの上部だけを覆い、ビニールが長い場合は、裾の部分90～１２０㎝は風が通るように巻き上げて固定します。定植は通常どおり行います。

なお、ピーマンやパプリカの葉はレタスと同じように水をはじく性質があるため、雨滴を嫌います。このため、ピーマンやパプリカの雨除け栽培は病害虫を少なく抑え、品質もまた向上します（写真７－６）。

７－３　作物に合わせた敷き料と畝

敷きワラ・敷き草は、薄く用いる

キュウリやメロンは本来、地面を這い、自分自身で日陰を作り、そこに浅い根を伸ばします。しかし、農業や家庭菜園では、支柱を立て、地上部に蔓を伸ばす

写真7－7　敷きワラ

方法で栽培されることが多くなります。このため、葉で地表を覆うことができず、浅い根は太陽光線の影響や灌水の影響を受けやすく、根は障害を受けます。

障害を受けた根は葉や実に十分な養水分を供給することができないため、果実の肥大が悪くなり、病害虫に感染しやすくなるなどの障害が発生します。そこで、支柱栽培のキュウリやメロンは株の周囲にワラや草を敷き根を守ります（敷き料）。敷きワラや敷き草は厚く敷くと根に障害を与えてしまうため、地面がやや見える程度に薄く敷きます（写真7－7）。

キャベツ・ナスは高畝、ゴボウは深耕

水は好みますが多湿を嫌うキャベツやブロッコリーは、水はけが悪いと根こぶ病に冒されやすくなります。また、ナス、イチゴなどは収穫期間が12月～5月と長いため、根を伸ばせる範囲が広いことが望まれます。また、作土の浅い畑にダイコンやニンジンなどの根菜類を栽培すると、枝根の発生原因になりますので、作土層を厚くする必要があります。そこで、水はけを必要とするキャベツやブロッコリー、作期の長いナスやイチゴ、作土層の薄い畑でのニンジンやダイコン

は高畝栽培にします。特にナスやイチゴは30㎝以上の高畝とします。

ゴボウやヤマイモは深い位置に貯蔵根を伸ばします。このため、植え付ける場所をあらかじめ70㎝深耕します。なお、掘り上げた土を戻す際、地表まで20㎝まで埋め戻したら、土をよく踏み固めてから、残りの土を戻します。もし、踏み固めないまま土を戻すと、深耕した場所が降雨のとき陥没します。

7-4　耐陰性と光要求性

ショウガは直射日光を嫌う

ショウガ、ミョウガ、ミツバなどは本来樹木の下に生育していました。このため、太陽光線を直接受ける畑で栽培すると、極端に生育が悪くなります。ショウガは寒冷紗で遮光するか、あるいは、サトイモを東西畝（東西に長く畝を通す）で植え、その北側にショウガを植えると（写真7-8）、サトイモの茎葉で遮光され生育が良くなります。ミョウガやミツバは柿や栗の株元に植えます。特にミョウガは光が強いと葉緑体を作って緑になり、光があたらないと白くなります。木漏れ日はアントシアニンを集積させ紅色になりますので、木陰の適度な光によって、下が

写真7－8 サトイモとショウガ

白く、中央が紅色、先端が緑色のミョウガとなり、品質を向上させます。

ナス、トウモロコシ、ネギは光要求性の高い野菜です。このため、日陰で栽培すると極端に生育が悪くなります。ナスは南北畝（南北に長く畝を通す）で植え付け、支柱を通路に向かってV字形に立て（図7－9）、株全体に太陽光があたるようにします。トウモロコシは南北畝に2条、ダイズを3条交互に播種します。こうすると、左右のトウモロコシとも太陽光が十分あたりますので、甘いトウモロコシを収穫することができます。なお、ダイズはトウモロコシの日陰になりますが、耐陰性が強いため生育には影響しません。ネギは「自分のカゲも嫌う」というように、太陽光を好みます。そこで、ネギ自身のカゲを作らないように、南北畝に、畝間90㎝×株間10㎝で植え付け、自身の作る日陰に入らないようにします。東西畝にすると、南側の葉には日があたりますが、北側の葉は同じ株の葉の日陰になってしまいます。

ジャガイモは茎が肥大したものであるため、深植えはジャガイモの肥大を悪くします。しかし、イモに光があたるとイモが緑化し、アルカロイド配糖体のソラニンやカコニン（毒成分）を作ります。そこで、ジャガイモは浅く植え、生育に合わせて土を寄せて緑化を防ぎます。

7-5　遺伝的多様性を維持する

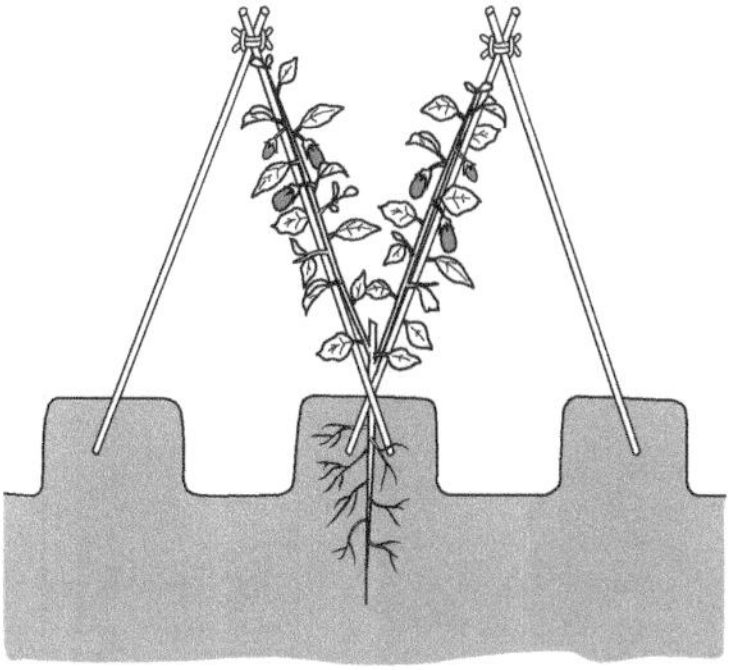

図7-9　V字形に立てた支柱

F1品種と固定種

生物が遺伝情報を次世代に正確に伝えると、種は多様性を失って消滅します。逆に、外来遺伝子を多く取り入れると、多様性は増すものの、種は崩壊します。また、遺伝子の均一性は安定した環境での繁栄を約束します。いっぽう、遺伝子の多様性は環境適応性を高めます。このように、生物の遺伝と変異には大きな矛盾があります。

農業は耕起方法、灌水、ビニールハウスなどを用いた環境の制御を行ってきました。化学肥料や農薬の開発も進み、生産環境が均一化して、生産は安定しました。これに対応して、均一な環境に適合した遺伝的に均一な品種の開発が進み、その結果、栽培が容易になりました。いまでは、市販されている野菜の多くの品種は、吸肥性が高く、多収穫なものがほとんどで、これらは、流通上ロスの出にくい均一化された品質となっています。

このような品種をF1品種といいます。異なる遺伝形質を交配して品種改良したものです。F1とはFilial 1（第1世代）の略語で、交配した第1世代という意味です。

メンデルの法則では、交雑によって生じた第1世代は、優性形質だけが現れ劣性形質は潜在します。そのため、F1品種は優良な形質で、表現型も均一になります。農業には適しているので、育成に力が注がれてきており、現在では、市販されている野菜のほとんどはF1品種です。F1品種は制御された環境では生産量や品質を向上させます。しかし、表現型が均一であることは環境適応性を弱めることにもなります。このため、天候などの影響を受けやすく、病害虫の発生や生育不良などの障害が発生しやすくなります。

家庭菜園では栽培環境の均一化が不十分なため、農家が使用する販売品種（F1）を用いることは生産の不安定要因にもなります。家庭菜園で自家採種が好成績を上げている話をよく耳にすることがありますが、これはそれぞれの菜園に適応して、品種と遺伝的に多様なことから生ずると思われます。そこで、遺伝的に多様性を持った環境適応性の高い品種を、自家採種で育成していくことを考えてみましょう。

ところで、F1品種の形質は1代限りで、種子を採っても1代目と同じ形質の野菜を得ることはできません。これに対し、固定種（F1でない既存種）は、種子を採るとほぼ同じ形質の野菜が次代も作れます。このため、家庭菜園で種採りする場合、固定種でないと不可能と思われがちです。市販の種子はF1品種が多いため、これから種採りをすると、次の年、同じ品質の野菜とならず、形、色、早晩性などがバラバラになってしまうからです。

これは、生業とする農業では困ることですが、家庭菜園では何種類もの品種を作るよりは、1種類の種子で多様な品質の野菜が得られたほうが利用価値は高いと思われます。また、F1品種には、世界各地から収集された多様な遺伝資源が交じっていますので、それを得られることにもなります。ですから、F1品種で種採りしても問題ありません。農業で用いられる品種と家庭菜園で求められる品種は異なるのです。

家庭菜園では自家採種は重要な栽培技術になります。方法は野菜ごとに異なりますので、第8章で詳しく述べます。

第8章 上手な家庭菜園

ここまで説明した知識をベースに、実際に家庭菜園を作る際の作業を説明しましょう。すでに説明した内容も含まれていますが、全体を流れとして理解できるようにしてみました。

8-1 畑の準備

土壌の立体構造を心がける

まず、野菜を作る前に土壌を70㎝ほど掘り下げて、土壌を観察します。水が浸透しない硬い層（途中に水の溜まる層）がある場合には、深さ70㎝の位置に水が流れるよう、暗渠《あんきょ》を設置します。水の縦浸透が確認できれば、次に堆肥や肥料と耕す方法を工夫して土作りを行います。堆肥や有機質肥料はＪＡや農材店で販売されていますのでそれを利用します。

通常、畑は15～18㎝が作土層になっていますので、この部分を、第4章で説明したように、ゴロゴロ層、コロコロ層、ナメラカ層の土壌構造にします。鉢やプランター栽培の場合も同様で、底に石や砂利を入れ、次に堆肥や肥料を混ぜ合わせた粒径の大きい土を入れ、最後に肥料分のない細かい土を入れます。土作りを行ったら、３週間前後放置し、土と有機物をなじませます。有機物の施用方法については後で述べます。

次に明渠《めいきょ》と畝立てです。畑の周囲から雨水が流入する恐れのある畑や、水の溜まりやすい畑では、周囲に深さ30㎝以上の穴を掘り明渠を作ります。傾斜地では等高線に平行に畝を立てます。平坦な畑では作付けする野菜に合わせます。北側の野菜が日陰にならないように、東側は午前、西側は午後に日があたるよう南北畝が原則です。特に、光を好む長ネギやトウモロコシの東西畝は北側が日陰になりますので禁物です。また、東西畝にし、北側に日陰を好むショウガ、ミツバなど、あるいは株が大きくなり日陰を作るナスの株元へショウガやパセリを植えるのも一つの方法でしょう。

ところで、畑は自然が作り出した山地や草原をそのまま用いた本畑と、山を削り、窪みを埋めた造成畑があることはすでに述べました。本畑は長い時間をかけて自然が作り出したもので、土壌構造がしっかりしているのに対して、造成畑は表面上均一に見えるものの、土壌構造が破壊されている場合が多いようです。土作りでは土壌を観察した図を残しておくと、その後の野菜配置に役立ちます。

手作業で行う場合は、最初に鋤《すき》で粗く起こし、次に粗い部分を少し残し砕土し、最後に表面をレーキなどで細かくします。こうすることによって、造成畑にも作土層の土壌構造を作ることができます。最近は、耕耘機などの農業機械を家庭菜園で利用する人も増えていますが、耕耘機では、土壌は細かく均一に耕せますが、耕盤を発達させて上層土と下層土を分離させ、水はけを悪くさせることがあります。また、機械的に耕すため畑地化される前の土壌構造の影響を受けやすくなります。このため、畑の準備では土壌の立体構造を作ることを心がけます。

8-2 家庭菜園の設計

多品目栽培の基本は、立体的に長期間で

いろいろな野菜類や草花類が栽培されている菜園は、多様な生物が生息している場所でもあり、小さなビオトープです。菜園の中で演じられる生物と生物のせめぎ合いや共栄を観察すると生命の不思議な世界が観察できます（写真8-1）。

菜園では多くの品目を栽培したいと願っている人が多いと思います。多品目栽培の基本は菜園を立体的に利用することと、品目を単に増やすのではなく、同じ種類の野菜を長期間（回数を多く）収穫することにあります。

まず、定番野菜のトマト、キュウリ、ピーマン、オクラ、ネギ、ニンジンなどが長期間収穫できると、少なくとも定番野菜は常に収穫することができるため、5~6種類の野菜は確保できます。次に定番野菜の株間や畝間に生育期間の短いカブ、ホウレンソウ、コマツナ、ルッコラなど

写真8－1　多品目栽培

や、あると便利なパセリやミツバなどを株元に立体的に播種あるいは定植します。さらに、タマネギやジャガイモのように一斉に収穫する野菜は保存方法を工夫して長期間利用できるようにします。こうすることによって、自然に多品目栽培となります。

野菜類は、水や光の好み、根の伸長する深さなどが異なります。そこで、菜園ではまず野菜や花の好みを上手に利用して、立体的に植え付けることを心がけます。次に、種まきや定植は一斉には行わず、ずらして行うようにします。特に、収穫までの期間が短いホウレンソウ、コマツナ、カブ、葉ダイコン、ルッコラなどは半月程度ずらして種をまきます。

では、菜園の設計の考え方を、順に紹介していきます。

①水の好みを考える

水を好む野菜にはサトイモ、ショウガ、ミョウガなど、乾燥に強い野菜にはサツマイモ、ラッカセイ、トウモロコシなどがあります。水を好む野菜は湿りけがある場所へ、乾燥に強い野菜は乾く場所へ配置します。

②光の好みを考える

日陰を好む野菜にはミツバ、ミョウガ、ショウガなど、日光を好む野菜には長ネギ、カボチャ、スイカなどがあります。日陰を好む野菜は周囲の木々や建物などで日陰になる場所やトウモロコシなどの大型野菜の北側へ、日あたりを好む野菜は畑の中央に配置します。

③根の深さを考える

浅根の野菜にはキュウリ、メロン、マクワウリなど、深根の野菜にはオクラ、ナス、トウモロコシなどがあります。浅根の野菜はワラや枯れ草を敷きやすい場所へ、深根の野菜は深耕しやすい場所へ配置します。

④葉物《はもの》、根物《ねもの》、実物《みもの》を考える

葉物の野菜にはホウレンソウ、コマツナ、ミズナなど、根物の野菜にはジャガイモ、サツマイモ、ニンジン、ダイコンなど、実物の野菜にはイチゴ、トマト、ナス、キュウリなどがあります。葉物野菜は吸肥力が強いため、堆肥が十分施用された肥沃な場所へ、根物野菜は有機物の少ない痩せた場所へ、実物野菜は訪花昆虫が集まる草花に近い場所へ配置します。

⑤昆虫を集める草花や野菜の花

花粉媒介昆虫、天敵、ただの虫などを集める草花にはペチュニア、コスモス、ラベンダー、菜の花などがあります。草花は畑の周囲に配置し、訪花昆虫を畑に呼び込みます。また、トマトやイチゴなど受粉を必要とする野菜の近くに植え、訪花昆虫によって受粉を助けます。

⑥立体的に植える

水や光の好み、根の深さや組み合わせの良し悪しを考えて、背の高いトウモロコシに背の低いダイズ、ナスの株元に日陰を好むパセリやミツバ、インゲンマメの株元に組み合わせの良いルッコラ、イチゴの株元に訪花昆虫を集めるペチュニア、トマトの株元に空中窒素を固定するラッカセイなど、効果や組み合わせから立体的に植えつけます。

⑦障壁作物や花を畑の周囲に植える

写真8－2　ハウスキュウリの入り口に配置したカスミソウとミント

家庭菜園の周辺にコスモス、ヒマワリ、マリーゴールド、ソルゴー、エンバク、クロタラリアなどを植えると、カブリダニ、タマバエ、クモ、テントウムシ、クサカゲロウ、ヒラタアブ、アブラバチ、ヒメカメムシ、ハネカクシなどの天敵が集まり害虫を防除します。また、背の高いヒマワリやソルゴーは害虫の障壁や防風にも役立ちます。このため、背の高い植物や花で畑周辺を縁取りします。ハウス栽培をされる方は、入り口から害虫が侵入しますので、入り口にバンカープランツを植えます（写真8－2）。

8－3　有機質肥料の種類と施用方法

深い位置、土壌全体に

有機質肥料は施用方法によって、効果の持続期間に大きな差を生じます。元肥と追肥について、肥効の違いを紹介します。

有機質肥料を10〜15㎝の位置に層状あるいは土壌全体に混和すると、分解が遅れ肥効が長続きしますので元肥として施用します。また、土壌表面に塊あるいはすじ状で施用すると、分解が速く肥効が速く現れますので追肥として施用します。元肥は土壌全体あるいは深く、追肥は土壌表面に施用することがコツです。

まず元肥です。鋤で粗く、深く（18〜15㎝）耕したら、野菜を植える位置（畝の位置）に穴を掘り、有機質肥料を層状に施用し、土を戻して有機質肥料が混ざらないように、10㎝前後を細かく耕します。あるいは鋤で耕したあと土壌表面に有機質肥料を散布し、10㎝前後を細かく耕し、有機質肥料を土壌全体によく混ぜ合わせます。

次は追肥です。葉色が落ちないよう、野菜の生育に合わせて適宜追肥します。速く効かせるため、穴を掘り根の位置に深く追肥する人がいますが、これは間違いです。追肥はかならず土壌表面に施用します。野菜の株元や通路にすじ状あるいは塊として施用します。なお、土壌表面全体に散布するよりも、塊やすじ状に散布すると肥効が速く現れます。また、有機質肥料は降雨前あるいは降雨直後に施用すると、有機物に水分が補給され、分解が速やかに行われます。晴天が続く場合には施用後散水するか、あるいは有機質肥料の上に軽く土をかけ、有機質肥料を濡らして、微生物の働きを助けます。

野菜類は有機物をそのままの形で肥料として吸収することができません。根から養分として吸収するためには、酵素によって無機物に分解される必要があります。この時役立つのが微生物の産生する酵素です。微生物は酸素が多い場合や有機物（エサ）が多いと活発に繁殖します。逆に酸素が少なく、有機物が少ないとあまり活動しません。

有機質肥料を長く効かせるため、酸素の少ない深い位置や、微生物が働きにくい土壌全体に混ぜ合わせるのはこのためです。

また、肥料を速く効かせるために、酸素の多い土壌表面や塊で施用するのは微生物の働きを活発にするためです。有機質肥料は、深い位置に層状＜土壌全体に混和＜土壌表面に散布＜土壌表面に塊、の順に分解が速くなります。野菜の種類と生育期間に合わせて施用すると、おいしい野菜が収穫できます。

8－4　土壌改良材の使い方

カニガラ、炭、ゼオライト、ピートモスなどの土壌改良資材は本当に土壌改良的な効果があるのでしょうか？　ここでは、土壌改良資材で土壌病害を防除する方法と、3～5年間、無肥料で栽培できる有機物施用方法も紹介します。

カニガラ、ワラ、炭

まず、土壌改良資材の施用です。野菜類を連作すると、土壌病害による連作障害が発生します。そこで、カニガラや廃菌床（キノコを培養した資材）を10m²あたり2〜4kg土壌によく混ぜ合わせます。

こうすると、カニガラや廃菌床を分解するために、放線菌が繁殖してきます。放線菌はカニガラや廃菌床（カニガラや廃菌床にはキチンがたくさん含まれている）を分解するため、キチナーゼ酵素を産生します。多くの病原菌の細胞膜もキチンで作られていますので、カニガラを分解するために産生されたキチナーゼは病原菌にも働き、病原菌の細胞膜も溶かします。このため、土壌病害が防除されます。キチン質資材で防除される病害は、萎ちょう病や半身萎ちょう病などです。

なお、疫病や根腐病を防除する場合にはキチン質資材をワラなどのセルロール質を多く含む資材に替えます。

ワラの場合10m²あたり4kgを土壌によく混ぜ合わせます。セルロースも土アオカビの産生するセルラーゼによって分解されますが、同じようにセルロースで作られている病原菌の細胞膜にも働きこれを防除します。

また、炭を10m^2あたり4〜15kg土壌によく混ぜ合わせます。こうすると、炭を棲み処に菌根菌が繁殖し、野菜の根と共栄します。菌根菌が共栄した野菜は微生物から鉄やリン酸などのミネラルの供給を受けます。また、菌根菌の刺激によって、野菜に抵抗性が誘導（病気に強くなる）されて、病気にかかりにくくなります。

8-5　種まきと苗

マメは集団、カボチャは点播

野菜の種類によって、播種や苗作りは異なります。植物は本来子孫を残すために、花を咲かせ結実します。このため、種子は繁殖に都合の良い形や数を作ります。播種の基本はこうした種子の形や形成方法を知って利用することにあります。

豆類は1サヤの中に3〜5粒の種子が入っています。また、ダイコンも同じように1サヤに3〜5粒の種子が入っています。そこで、ダイズ、インゲンマメ、ダイコンは1穴に3〜5粒ずつ播きます（集団播種）。こうすると、1粒まきに比べて、発芽揃いとその後の生育が良くなります。次に、発芽したすべての株を育ててしまうと、株同士が競合しますので、間引きします。ダ

表8－1　野菜の種類と播種方法

発芽の良くなる播種方法	野菜の種類
集団や条播播種	ダイズ、トウモロコシ、ニンジン、ダイコン、オクラ
点播や1粒播種	カボチャ、メロン、スイカ

イズやインゲンマメでは2株立ちにします。ダイコンでは1本立ちにします。

トマトやナスの果実は鳥や動物に食べられて、種子は糞と一緒に散布されます。このため、トマトやナスは育苗箱にすじ状に播種します（条播播種）。こうすると、一斉に発芽しますが、このままでは良い苗が育ちませんので、発芽後、本葉が0・5～3枚の時期にポットに1本ずつ移植して育苗します。

カボチャやスイカの果実も鳥や動物に食べられて、種子は糞と一緒に散布されますが、種子が比較的大きいため、分散して散布されます。このため、カボチャやスイカは1粒で播種します。また、種子は種皮が硬いため、そのまま播種すると、吸水に時間がかかり、発芽が不揃いになります。そこで種子を一晩水に浸してから、次の日に播種します。この場合1粒ずつポットに播種してもかまいませんが、箱に播種する場合は、種子を2～3㎝離して、播き溝に直角に播種します。こうすると、横向きに葉が展開するため、葉と葉がぶつかりません。箱に播種した場合には本葉の展開が始まったら（子葉の間に三角形の葉が見えてくる）、ポットに移植します。

苗の選び方

次に、苗を購入する場合の選び方です。大きい苗を選びがちですが、大苗は徒長している場合が多いので、葉と葉の間がつまった小さめの苗を選びます。また、葉色が濃い株は病害虫に弱い傾向がありますので、葉色のやや淡い株を選びます。植物は大小に関係なく、葉と葉の間の細胞数はほぼ決まっています。このため、節間が長いものは細胞が大きく（徒長している）、短いものは細胞が小さくなります（健全な生育）。

8-6　活着を良くする定植方法

野菜類を定植するとき、誰もが苗の活着を気にすると思います。また、苗を植えるとすぐに水を与えたくなります。定植直後に水を与えると、活着はよくなりますが、野菜は水を求めて根を伸ばすのを止めますので、その後の水管理が難しくなります。そこで、定植直後に水を与えなくとも、活着を良くし、根を深く伸ばす方法を紹介します。

夏野菜の定植

トマト、ナス、ピーマンなどの夏野菜は晴天の朝、起きたら、まず苗が植えられたポットを、水を張ったバケツの中に入れます。ポットの中の空気がゴボゴボと抜けるまでポットの部分を水に浸すのです。ポットの中に水が十分に滲みこんだら、ポットを水から上げ、日陰に3〜4時間放置します。こうすると、野菜は葉の先端まで十分に吸水し、2〜3日は灌水を必要としません。9〜10時、いよいよ定植です。畑にポットよりやや大きめの穴を掘り、ポットから取り出した苗を、根と土が密着するように植え付けます（図8－1）。晴天の午前中に植え付けますので、日中やや萎《しお》れますが、水は与えません。夕方、日が落ちてくると、植え付けられた苗は萎れが解消されてピンとします。次の日も晴天ならばやや萎れますが、そのまま放置します。3〜4日経過し、日中萎れなくなると活着です。

苗床と圃場《ほじょう》の環境は光、水、湿度、温度などで大きな差があります。野菜類は環境の変化に対応し、土に根を伸ばそうと必死にがんばります。この時、水を与えてしまうと、水を求めて根を伸ばそうとする努力を止めます。このため、3〜4日間は灌水を抑えます。ただし、苗は十分吸水しておかないと、発根する力が生まれませんので注意します。また、畑がカラカラに乾燥している場合は、定植の2〜3日前に散水し、土を握っても崩れない程度の水分に調整しておきます。なお、曇天の夕方定植すると、活着は早くなるものの、根を深く伸ばしませんので、多くの水分を必要とする盛夏の水かけに苦労します。

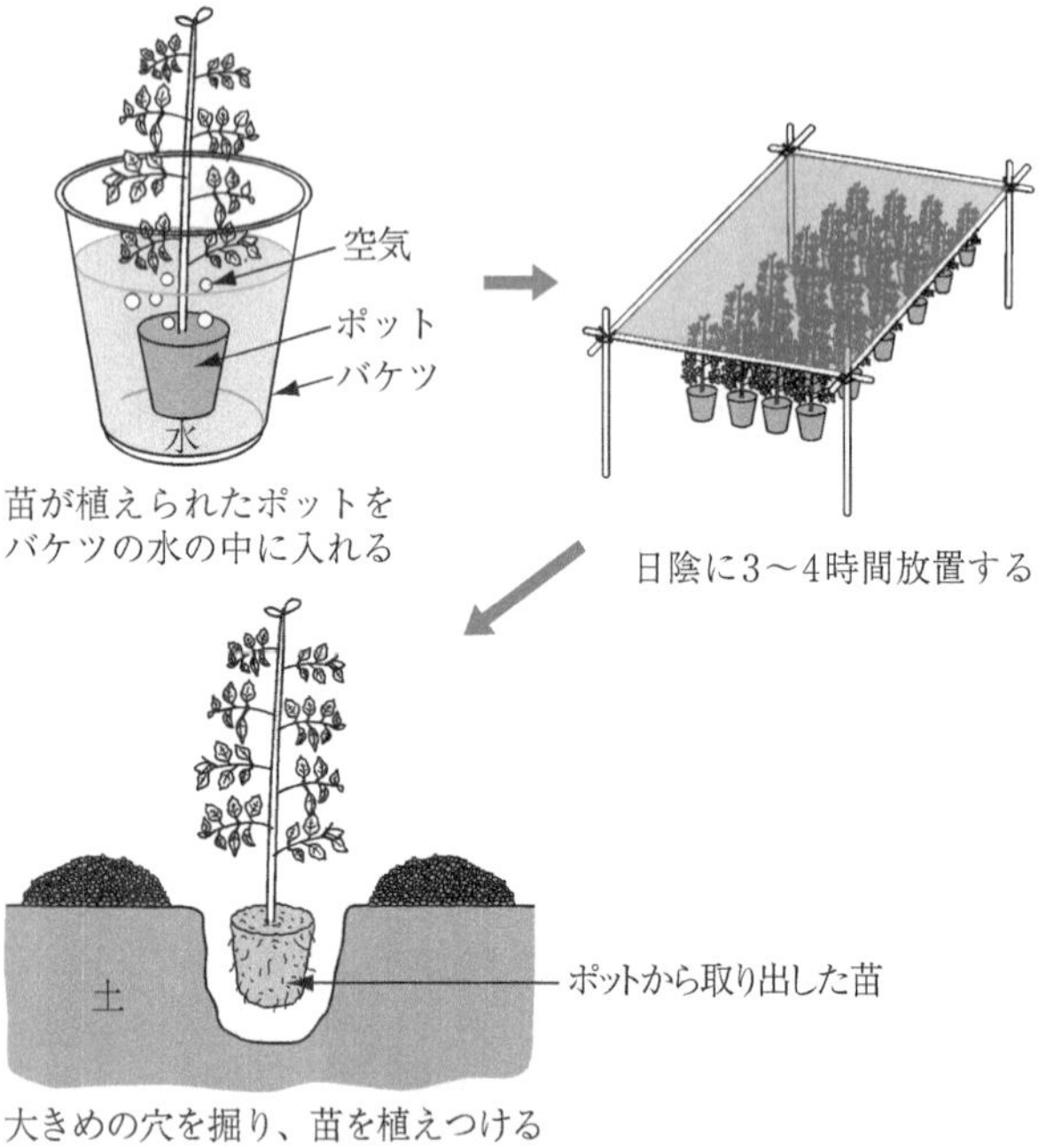
空気
ポット
バケツ
水
苗が植えられたポットを
バケツの水の中に入れる
日陰に3〜4時間放置する
土
ポットから取り出した苗
大きめの穴を掘り、苗を植えつける

図8－1　夏野菜の定植

秋野菜の定植

ハクサイ、キャベツ、ブロッコリーなどの秋野菜は曇天の夕方、定植します。ポット苗への吸水と定植後の水やりを抑える点は夏野菜と同じです。ただし、秋野菜は定植後、気温が低下し、日が短くなってきますので、十分生育した苗を定植することが重要です。小さい苗を植えつけると、ハクサイやキャベツでは外葉が十分発達せず、結球しないことがあります。特に、秋の彼岸を過ぎると、生育が極端に遅れますので、彼岸以

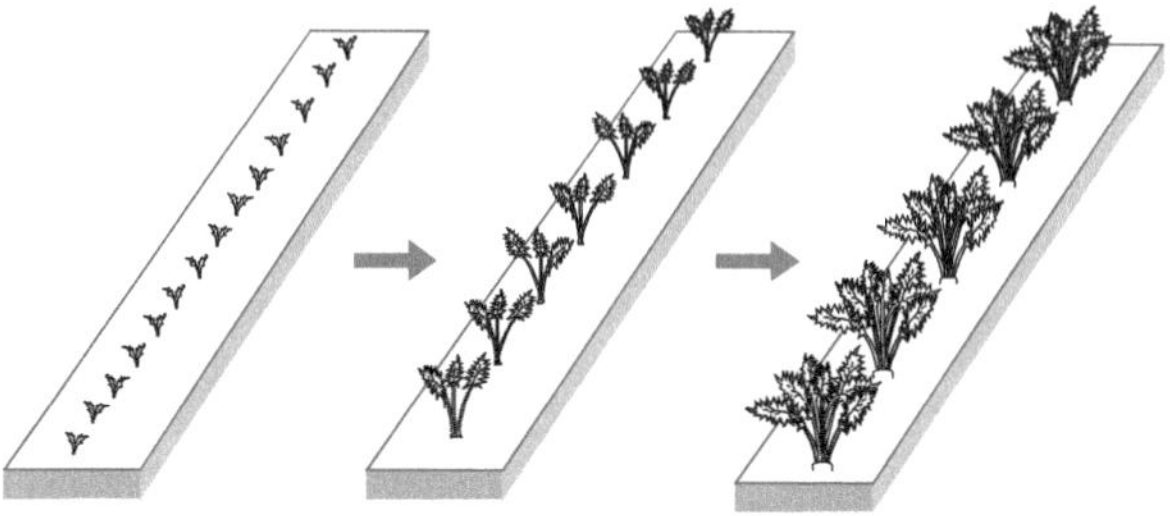

図8－2　間引き

降の定植は苗の大きさと質に注意する必要があります。

苗に十分に水を与え、定植後はたとえ萎れても水を与えないことと、夏野菜は晴天の午前中、秋野菜は曇天の夕方、定植することが決め手です。

8－7　上手な栽培管理

間引き

ダイズ、インゲンマメ、ダイコンなど1穴に3〜5粒播種する野菜と、ニンジン、ホウレンソウ、コマツナなどすじ状に播種する野菜は間引きします。ダイズやインゲンマメは本葉2〜3枚のころ2本を残し、ダイコンは本葉3〜4枚のころ1本を残して他は間引きます。ニンジン、ホウレンソウ、コマツナは本葉1〜2枚のころ第1回目を株間2〜3㎝、第2回目を草丈7〜8㎝のころ株間5〜6㎝になるように間引きます（図8－

2）。なお、間引き菜は調理に利用します。

土寄せ

長ネギ、ジャガイモ、サトイモは生育に合わせて株元に土を寄せます。長ネギは光があたらないと白く柔らかくなってしまうので、生育に合わせ3〜4回、鱗茎から葉が分かれる1〜2㎝下まで土を寄せます。ジャガイモは茎が肥大したものであるため、深植えはイモの肥大を悪くしますので、生育に合わせ2〜3回に分けて土を寄せます。サトイモは小芋や孫イモの葉が伸びるとイモが肥大しませんので、小芋や孫イモの葉が地上部に伸びてきたら、葉を土の中に埋めて葉を枯らすために土を寄せます。

灌水

野菜類は光合成によって生育します。光合成には炭酸ガスと水が必要なため、灌水は重要な栽培管理です。しかし、水を好む野菜と嫌う野菜があるため、野菜の種類によって灌水量を変えます。

「ナスは水で作る」といわれるように、水を好むナスやキュウリはこまめに灌水します。逆にトマトやメロンは品質（糖度）が低下しますので、灌水は控えめにします。

誘引

トマトやキュウリは地表を這って生育する匍匐型野菜です。このため、地表を這わせた栽培法が生育には良いのですが、畑を立体的に用いるため、支柱栽培とする場合が多くなります。匍匐型野菜は放置すると、支柱に絡みついてきませんので、支柱に誘引して、茎を紐で支柱に固定します。また、スイカやカボチャなどは支柱を用いずに自然に蔓を伸ばしても良いのですが、着果節位や蔓の生育方向を定めるため、一定方向に誘引します。

摘心

トマトやカボチャなど匍匐型野菜は、条件がよいと無限に茎を伸ばします。そこで、管理しやすい位置で、生長点を摘み取ります（摘心）。オクラやナスなどの立性の野菜も作業しやすい高さまで生長したら摘心します。また、腋芽の発生の多いナスやピーマンは腋芽をすべて残すと、着果数が多くなり一個一個の果実が小さくなります。それを防ぐため、果実を1個収穫したら、2個ある腋芽の1個を摘み取って着果数を減らします。

剪定

ナシやモモなどの果樹類は、枝をそのまま生育させると、花芽の形成が悪くなるため、剪定します。強い剪定（枝元から切る）は強い徒長枝（伸びすぎた枝）を伸ばし、弱い剪定（枝先を切る）は弱い徒長枝を伸ばします。また、徒長枝は根の伸びている方向に強く伸びるため、圃場の条件を見ながら行います。剪定は結果枝（果実が実る枝）を育てるために行うので、生育旺盛な枝は弱く、生育貧弱な枝は強く剪定するなど、春に発生する芽の強弱を考えて剪定の程度を調整します。なお、剪定した枝から発生する結果枝には剪定の3年後に結実しますので、3年先の樹形を考えて剪定することが大切です。

8－8　収穫後の保存

収穫された野菜類は冷蔵庫に保存すると思われがちですが、冷蔵庫保存に向かない野菜もあります。保存条件は野菜の種類によって異なります。保存には温度、湿度、光などが関与します。

夏、秋野菜の保温と保存

夏〜秋に収穫される多くの野菜類は室温（自然の外気温）で保存しますが、外気温が暖かい時期は室温で保存し、温度が低下したら、断熱材などで凍害を受けないように保温します。

①タマネギとニンニクは風通しの良い日陰に吊るすか、あるいは通気性のあるコンテナに入れておくと、10月下旬〜11月下旬まで保存できます。

②ジャガイモとサツマイモは通気性のあるコンテナあるいは土間や新聞紙の上に広げて保存しますが、サトイモは外気温が18℃以下、ジャガイモは4℃以下に低下したら、コンテナに移し、周囲を断熱材で囲んで保温すれば、3月下旬まで保存が可能です。特に、サツマイモは寒さに弱いことと、呼吸量が多いため、通気性のある板箱などにモミガラなどを入れて保存します。

③カボチャとサトイモは通気性のあるコンテナで保存しますが、外気温が18℃以下に低下したら、周囲を断熱材で覆い保温します。特に、サトイモは寒さに弱いので断熱性の強い発泡スチロールの箱にモミガラを入れて保存します。

④ハクサイは株を抜き取り、外葉と根がついた状態で、畑の一ヵ所に集め、葉に少し日があたるように周囲をワラなどで囲います。根から切り取って収穫した場合は直射日光のあたらない場所に、凍結しないよう、断熱材で囲みます。横に寝かせると傷みが早くなりますので、立てた状態で保存します。キャベツは、結球すると冬の寒さから花芽を守るため気温が上昇する春先まで生育を止めますので、収穫しないで畑にそのまま放置するのがベストです。根から切り取って収

穫した場合は、外葉をつけたまま1個ずつ乾いた新聞紙に包み、直射日光のあたらない場所に、凍結しないように断熱材で囲み保存します。

⑤ショウガはやや湿った土間や湿った新聞紙の上に広げ、表面がツルツルと光沢を帯びてきたら（表皮ができる）、コンテナに移します。乾燥すると日持ちしないため、周囲をコモなどで覆い、湿度と温度を保ちます。

⑥オクラは水分の通らないビニール袋に入れると、カビが生えて腐りやすくなりますので、紙袋や網の袋に入れて室温で保存します。

⑦モロヘイヤは葉に水滴がある状態で収穫すると、水滴がついた部分の葉が水浸状となり腐敗しやすくなりますので、露が乾いてから収穫します。収穫後はビニール袋に入れて冷蔵庫に保存します。

冷蔵庫での温度調節

冷蔵庫で低温保存する野菜類は、種類によって、低温の4～8℃（平均6℃）、やや低温の8～12℃（平均10℃）の2種類に分けられます。おおよそ、葉物類は低温、果菜類はやや低温で保存します。なお、野菜類は冷蔵庫の中でも生きていますので、凍結しないように注意します。

①4～8℃（平均6℃）

秋〜冬に収穫されるホウレンソウ、コマツナ、ミズナ、シュンギクなどの葉物類やブロッコリー、カリフラワーは低温でも生育しますので、4〜8℃の低温で保存します。

②8〜12℃（平均10℃）

夏〜秋に収穫されるキュウリ、ナス、ピーマン、ゴーヤー、インゲンマメなどの果菜類やモロヘイヤ、ミョウガ、シソなどは、温度が低すぎると細胞が壊死するため傷みやすく、保存期間が短くなりますので、8〜12℃のやや低温で保存します。

③冷蔵庫に入れない野菜

前述のように、タマネギ、ニンニク、ジャガイモ、サツマイモ、カボチャ、サトイモ、ショウガ、オクラは原則として冷蔵庫ではなく、室温で保存します。

湿気を好む野菜、乾燥を好む野菜

野菜の種類によって、湿気を好む野菜と乾燥を好む野菜があります。

①保湿

ダイコン、ニンジン、ショウガ、ゴボウなどの根物は、乾燥すると水分を失い、消耗が激しく日持ちしないため、湿った条件で保存します。ダイコンとニンジンは穴を掘り、根の部分を土に埋めて湿りけを保ち、葉の部分を光にあてて保存します。ショウガやゴボウは湿ったコモなどで覆い保湿します。

②乾燥

タマネギ、ニンニク、ジャガイモ、サツマイモ、カボチャなどは湿った条件ではカビが生え、腐敗病の発生原因となりますので、乾燥した条件で保存します。

光をあてる野菜、遮光する野菜

①光を必要とする野菜

長ネギ、ハクサイなどは、光があたらないと葉緑素を失って、白色になり軟化しますので、葉の部分には光をあてて保存します。また、タマネギとニンニクは暗黒下では芽が伸長し、保存期間が短くなりますので、太陽の直射は避けるものの、光があたる場所に保存します。

②光を遮断する野菜

ジャガイモは光にあたると、保存期間には影響しないものの表皮が緑化します。また、ショウガは芽が伸長を始めますので、光があたらないよう暗黒下で保存します。

保存に向かない野菜

食べごろを目安に収穫しているスイカ、メロン、トマト（流通を含め）などと、品質低下の早いトウモロコシやタケノコは保存に向かない野菜です。

メロンは室温で保存し、後熟させてから冷蔵庫で冷やして食べますが、そのまま室温に放置すると過熱になるため、早めに食べるか、あるいは冷蔵庫で4℃以下に保存して過熟を止めます。また、スイカやトマトは保存でなく、食べる前に冷蔵庫で冷やします。

トウモロコシやタケノコは品質低下が早いので、収穫後できるだけ早く、茹でる、焼くなど、熱を加えて、酵素を不活化した後、冷蔵庫で保存します。

保存したほうがおいしくなる野菜

朝採りした新鮮な野菜がおいしいのが一般的です。ところが、収穫直後はおいしくない野菜があります。収穫直後のタマネギ、サツマイモ、ジャガイモなどは、旨みや甘みが少なくおいしくありません。収穫後10〜15日間、乾燥した条件の室温で保存すると、でんぷんが糖化し、甘くおいしくなります。

8－9　自家採種を始めよう

採種と育種は異なる

採種と育種はまったく異なりますので、間違わないようにしましょう。採種は同じ形質の種子を得るために行われるため、形質の異なった株は取り除きます。また、交雑しやすい野菜類から隔離して栽培します。逆に、育種は新たな形質を得るために行うので、形質の異なった株が現れた場合はこれを残して種子を採ります。また、積極的に形質の異なった品種と交雑します。

野菜類の受粉には、同じ株の花粉でも受粉できる自殖性と、異なった株の花粉でないと受粉できない他殖性があります。自殖性の野菜類にはトマト、ピーマン、ナス、ダイズ、ソラマメ等があり、他殖性の野菜類にはハクサイ、ダイコン、カブ、コマツナ等のアブラナ科野菜類、ニンジン、ネギ類、ホウレンソウ等があります。特にアブラナ科野菜には表8－3に示したように交雑しやすい組み合わせがありますので注意しましょう。

種子はこれが充実してから採取することになります。野菜の種類によって、開花～完熟までは期間が異なります。表8－4は主な野菜の開花から完熟までの期間を示したものです。

表8－2　他殖性と自殖性

他殖・自殖の区別	野菜の種類
他殖性野菜	キャベツ、ハクサイ、ブロッコリー、ホウレンソウ、ソバ、ダイコン、カブ、コマツナ、サントウナ
自殖性野菜	ダイズ、ナス、ピーマン、トマト、ソラマメ、ナタネ
交雑を好む野菜	トウモロコシ、カボチャ、スイカ、キュウリ

表8－3　アブラナ科野菜の交雑関係

野菜名	交雑しやすいアブラナ科野菜
カブ	ハクサイ、タイサイ、コマツナ、サントウナ、キョウナ
ハクサイ	コマツナ、サントウナ、カブ
コマツナ	サントウナ、ハクサイ、タイサイ、カブ、キョウナ
カラシナ	タカナ
キョウナ	カブ、コマツナ、サントウナ、カラシナ

表8－4　種子の発芽日数

受粉後の日数	野菜名
15～20	レタス
35～40	メロン、インゲンマメ、ゴボウ
40～50	キュウリ、スイカ、ニンジン
50～55	カボチャ
55～60	ナス、トマト、ピーマン、ハクサイ、ダイコン、キャベツ

トマトの採種

採種するトマトはかならず受粉によって結実させます。トマトトーン（植物生長調整剤）で結実させたトマトは、果実が立派に肥大しても中に種子が作られていませんので注意してください。また、種子を充実させるため、着果は1果房あたり2個以下とします。段数も5段以下とし、これ以上の段数の果実は摘み取り、栄養分を、採種する果実に集めます。

①開花後7～8週間を経て完熟した果実（赤く熟れた）を収穫します。②これを2週間追熟させます。③次にトマトを半分に切り、手で崩し、ゼリーと混じった種子を取り出します。④これをビニールの袋に入れ、口を結んで、日陰で2～3日発酵させます。⑤袋が発酵し膨れてきたら、取り出し水でよく洗い、種子を分離させます。⑥分離した種子をきれいな水に移し、浮いた種子を取り除きます。⑦水に沈んだ種子は充実していますので、これを水から上げ、日陰で3～5日よく乾燥させます。⑧乾燥させた種子は密封した容器に乾燥剤を入れて冷暗所に保存します。上手に保存すると、3～5年間は種子の寿命があります（図8－3）。

Ｆ1品種でも種子ができれば採種できますので、試してください。Ｆ1品種は親と同じ形質のトマトにはならず、小玉（ミニトマト）になる傾向があります。なお、Ｆ1品種を採種した場合は、トマトの播種前に低温処理で大玉と小玉に分けることができます。

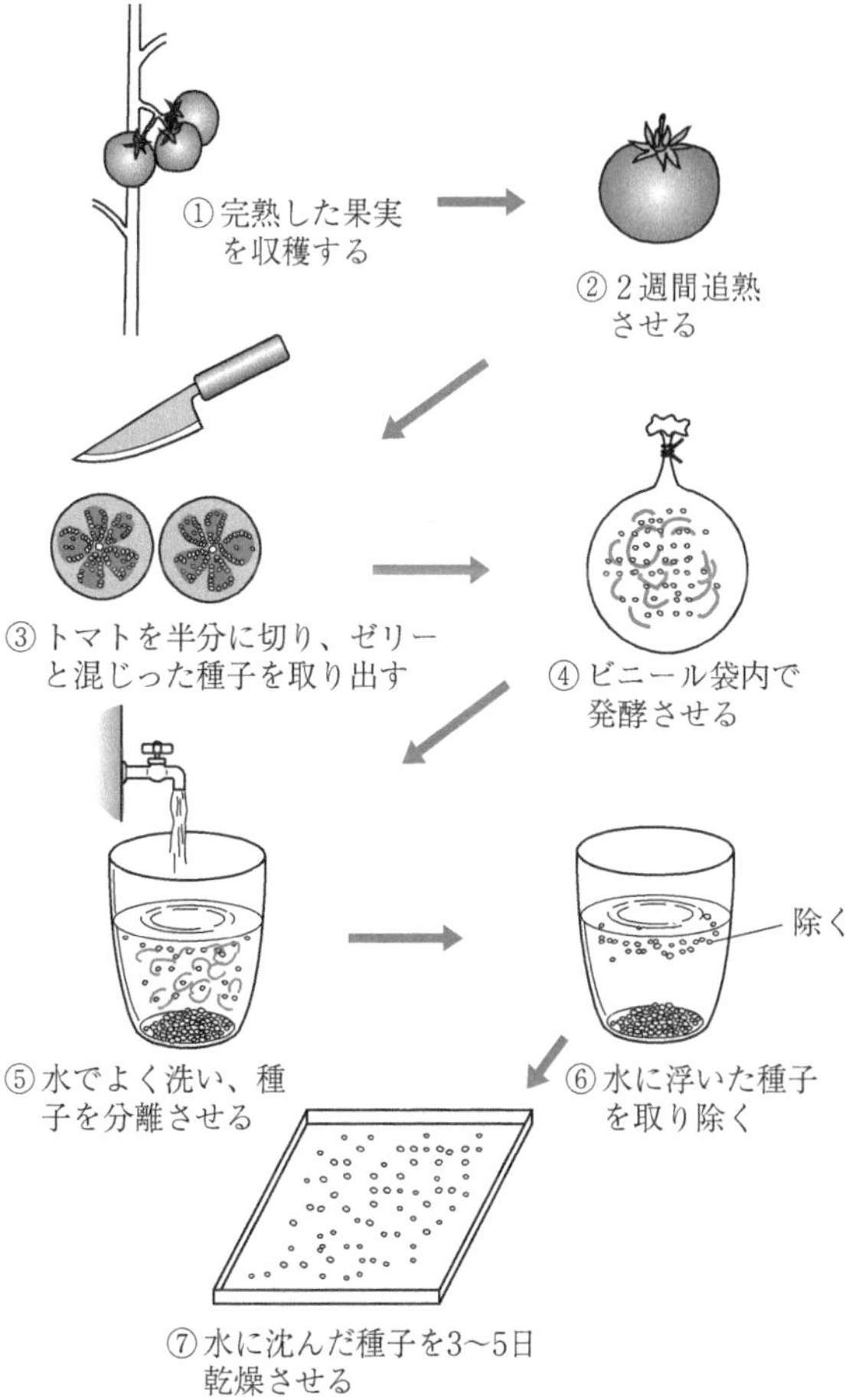
①完熟した果実
を収穫する
②2週間追熟
させる
③トマトを半分に切り、ゼリー
と混じった種子を取り出す
④ビニール袋内で
発酵させる
⑤水でよく洗い、種
子を分離させる
除く
⑥水に浮いた種子
を取り除く
⑦水に沈んだ種子を3〜5日
乾燥させる

図8－3　トマトの採種

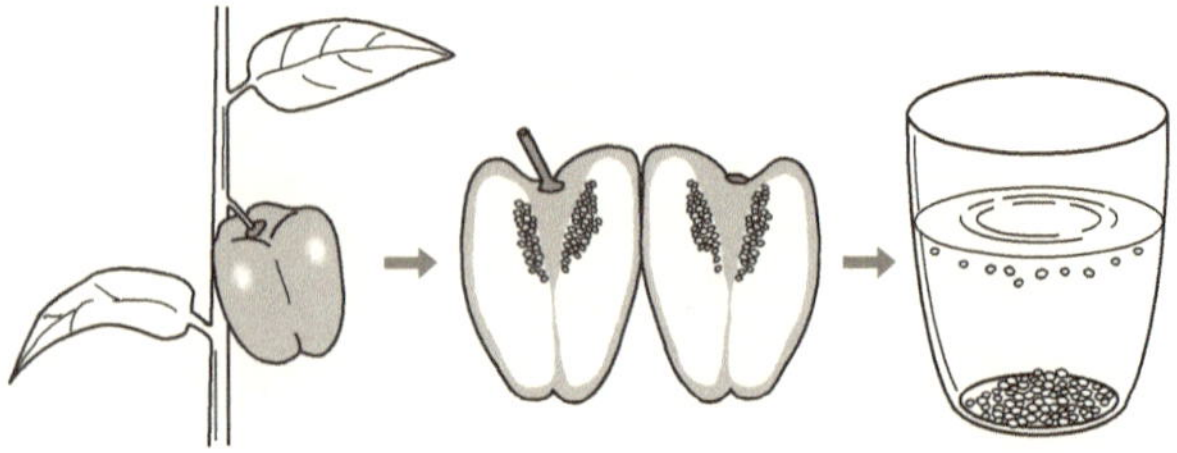
①真っ赤に熟したら収穫する
②収穫したピーマンを縦に切断し種子を取り出す
③水でよく洗い、浮いた種子を取り除く

図8－4　ピーマンの採種

ピーマンの採種

充実した種子を得るために、採種する株と収穫する株は別々に育てます。採種株は着果数を制限し、1株10個以下とし、それ以外の果実はすべて摘果します。

①開花後6～7週間すると、グリーンのピーマンはトウガラシやカラーピーマンのように真っ赤に熟しますので、これを目安に収穫します。②収穫したピーマンを縦に切断します。種子はヘタの近くに集まって入っていますので、これを取り出します。③次にきれいな水でよく洗います。トマトと同じように水に入れ、浮いた種子は取り除きます。④水に沈んだ種子は充実していますので、これを水から上げ、日陰で3～5日よく乾燥させます。⑤乾燥させた種子は密封した容器に乾燥剤を入れて冷暗所に保存します。上手に保存すると、3～5年間は種子の寿命があります（図8－4）。

F1品種でも種は採れますので、親と同じ形質にならなくても、他にはない自分だけの品種を作るため、試しに採種するのは面白いと思います。

ナスの採種

充実した種子を得るために、採種する株と収穫する株は別々に育てます。採種株は着果数を制限し、1株10個以下とし、それ以外の果実はすべて摘果します。

①開花後7～8週間経て完熟した果実を収穫し、2週間追熟させます。②次にナスのヘタの部分を3分の1ほど取り除き（種子が入っていない）これを縦に切ります。③スプーンでワタと混ざった種子を採ります。④水の中でワタと種子を分離します。きれいな水でよく洗い、水に浮いた種子を取り除きます。⑤水に沈んだ種子は充実していますので、

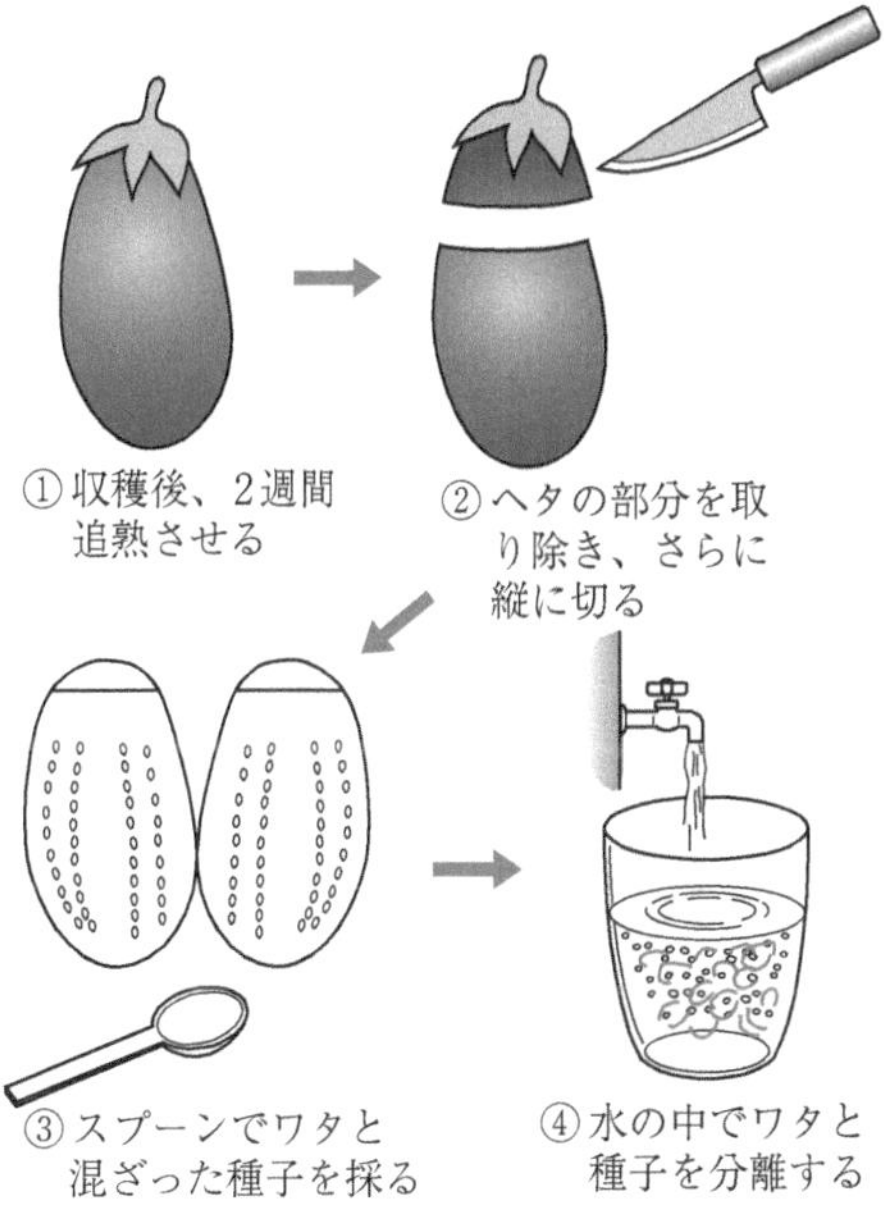
①収穫後、2週間追熟させる
②ヘタの部分を取り除き、さらに縦に切る
③スプーンでワタと混ざった種子を採る
④水の中でワタと種子を分離する

図8－5　ナスの採種

これを水から上げ、日陰で3～5日よく乾燥させます。⑥乾燥させた種子は密封した容器に乾燥剤を入れて冷暗所に保存します。上手に保存すると、3～5年間は種子の寿命があります（図8－5）。

千両2号や地域に伝わる在来種は固定されていますので、親とほぼ同じ形質のナスが得られます。

ダイコンの採種

ダイコンは冬を越さないと花が咲きません。そこで、①秋に形質の良いダイコンを15～30本選びます。数が多いのはダイコンが他殖性であり、同じ株の花粉では受粉できないためです。②選んだダイコンは凍らせないように、首まで土に埋め地上部をワラなどで囲うか、あるいは乾燥しないように濡れた新聞紙に包んで凍らない場所に保存します。③凍害の恐れがなくなったら、畑に穴を掘って土の中に差し込みます。花が咲く前に、花粉を媒介する昆虫が入らないようにネットで覆います。④開花後7～8週間で収穫し、逆さに吊るし、サヤがはじけてきたら、たたいて種子を採ります。⑤ゴミを取り除いて、密封した容器に乾燥剤を入れて冷暗所に保存します。上手に保存すると、2～3年間は種子の寿命があります（図8－6）。

宮重系の品種や地域に伝わる在来種は固定されていますので、親とほぼ同じ形質のダイコンが

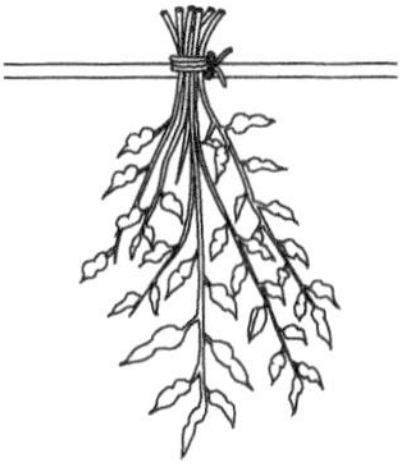

④開花後7〜8週間で収穫したダイコンを逆さに吊るす

図8－6　ダイコンの採種

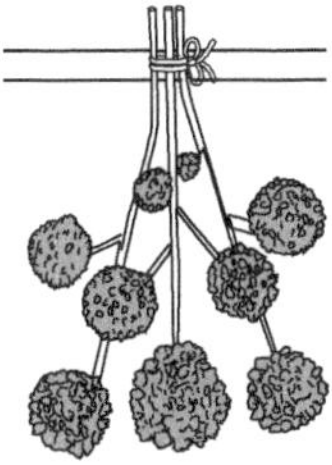

④開花後6〜7週間で収穫したニンジンを逆さに吊るす

図8－7　ニンジンの採種

得られます。

ニンジンの採種

ニンジンは冬を越さないと花が咲きません。そこで①秋に形質の良いニンジンを10本以上選びます。②選んだニンジンは凍らせないように、首まで土に埋め地上部をワラなどで囲うか、あるいは乾燥しないように濡れた新聞紙に包んで凍らない場所に保存します。③凍害の恐れがなくなったら、畑に穴を掘って土の中に差し込みます。花が咲く前に、花粉を媒介する昆虫が入らないようにネットで覆います。④開花後6〜7週間で収穫します。逆さに吊るし、乾燥したら種子を採ります。⑤大きなゴミは取り除きますが、小さなゴミはそのまま残し、密封した容器に乾燥剤を入れて冷暗所に保存します。種子の寿命は短く1〜2年です（図8－7）。

黒田五寸系、馬込系の品種や地域に伝わる在来種は固定されていますので、親とほぼ同じ形質のニンジンが得られます。

長ネギの採種

長ネギは冬を越さないと花が咲きません。①秋に形質の良い株を10本以上選びます。②近くにネギのない畑に移植し、ネギ坊主が出る前に、花粉を媒介する昆虫が入らないようにネットで覆います。③開花後、ネギ坊主が白くなったら、坊主を切り取って収穫し、2週間乾燥させます。④十分に乾燥したら、種子を採り、ゴミを取り除いて、密封した容器に乾燥剤を入れて冷暗所に保存します。上手に保存すると、2~3年間は種子の寿命があります。

③開花後、ネギ坊主が白くなったら、坊主を切り取って収穫する

図8－8　長ネギの採種

下仁田系、宮ネギ系の品種や地域に伝わる在来種は固定されていますので、親とほぼ同じ形質のネギが得られます（図8－8）。

タマネギの採種

①5~6月に収穫した形質の良いタマネギ10玉以上を選び、風通しの良い、日のあたらない場所に吊り下げて保存します。②10月上旬に定植します。③春、ネギ坊主が出る前に花粉を媒介する昆虫が入らないようにネットで覆います。④開花後、ネギ坊主が白くなったら、坊主を切り取

って収穫し、2週間乾燥させます。⑤十分乾燥したら、種子を採り、ゴミを取り除いて、密封した容器に乾燥剤を入れて冷暗所に保存します。上手に保存すると、2〜3年間は種子の寿命があります（図8－9）。

キュウリの採種

充実した種子を得るために、採種する株と収穫する株は別々に育てます。①採種株は着果数を1株5〜7個に制限し、それ以外の雌花はすべて摘果します。②キュウリは種子が入っていなくても肥大しますので、かならず雌花へ雄花の花粉を受粉させます。③開花後6〜7週間で完熟した実を収穫し、1週間追熟させます。④ヘタの部分を取り除き、さらに縦に切ります。⑤種子を取り出し、水でよく洗います。⑥きれいな水に移し、浮いた種子を取

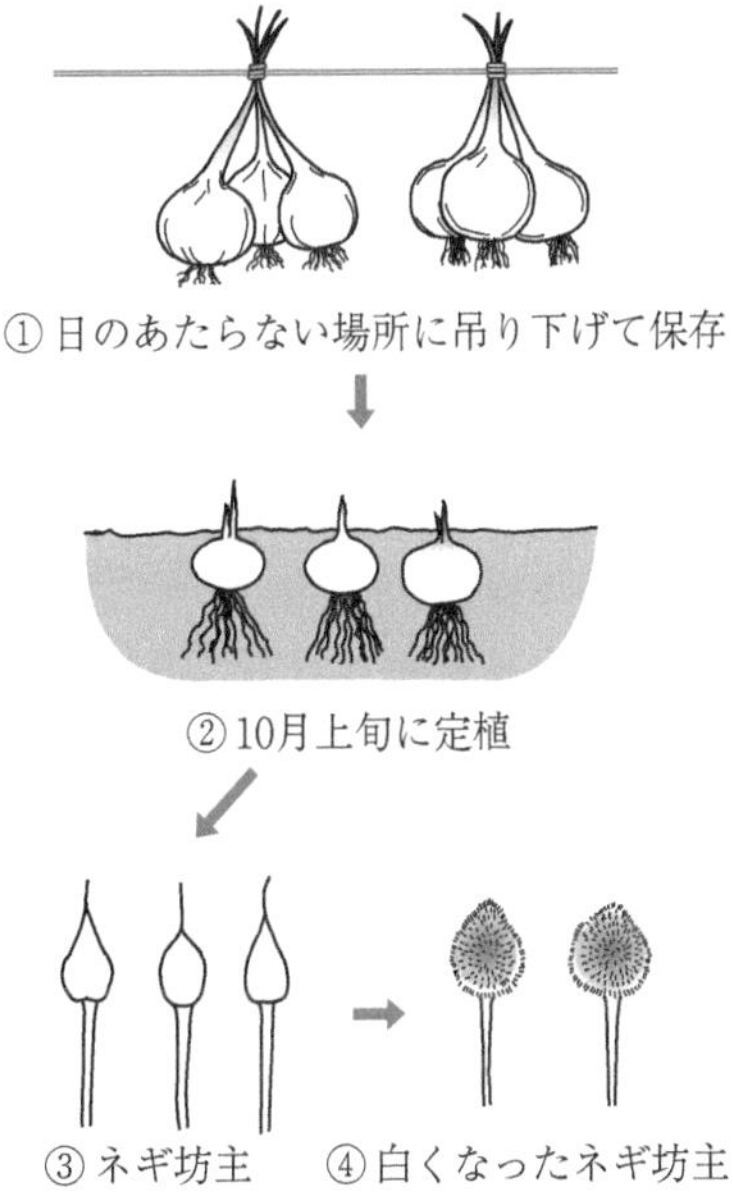

図8－9　タマネギの採種

り除きます。水に沈んだ種子は充実していますので、これを水から上げ、日陰で3～5日よく乾燥させます。⑦乾燥させた種子は密封した容器に乾燥剤を入れて冷暗所に保存します。上手に保存すると、2～4年間は種子の寿命があります（図8－10）。

カボチャの採種

①開花直前に雌花の先を洗濯バサミで挟み、受粉しないようにします。②翌日雄花から花粉を集め、雌花に受粉させ、また洗濯バサミで留めておきます。③開花後7～8週間で収穫し、2週間追熟させます。④縦に切り種子をスプーンでかき出し、水でよく洗います。⑤きれいな水に移し、浮いた種子を取り除きます。水に沈んだ種子は充実していますので、これを水から上げ、日陰で3～5日よく乾燥させます。⑥乾燥させた種子は密封した容器に乾燥剤を入れて冷暗所に保存します。上手に保存すると、2～4年間は種子の寿命があります（図8－11）。

カキナの採種

①収穫する株より約2週間早く播種します。また株間を広くします。②春、花が咲く前に、花粉を媒介する昆虫が入らないようにネットで覆います。③開花後7～8週間で収穫します。④逆さに吊るし、サヤがはじけてきたら、たたいて種子を採ります。⑤ゴミを取り除いて、密封した

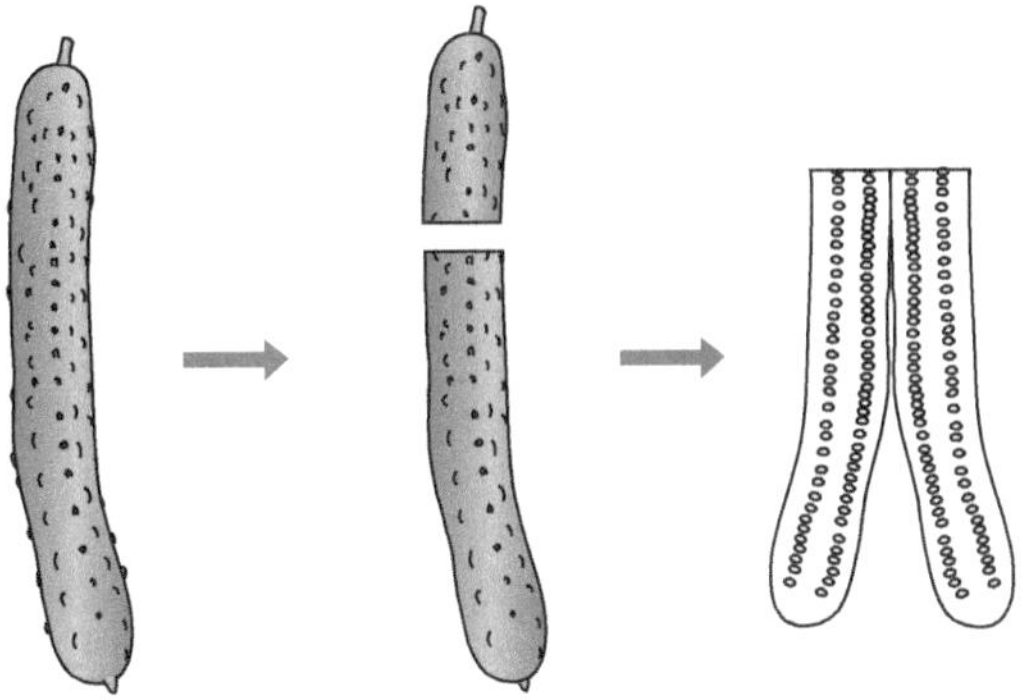
③開花後6〜7週間で完熟した実を収穫し、１週間追熟させる
④ヘタの部分を取り除き、さらに縦に切る
⑤種子を取り出し、水でよく洗う

図8－10　キュウリの採種

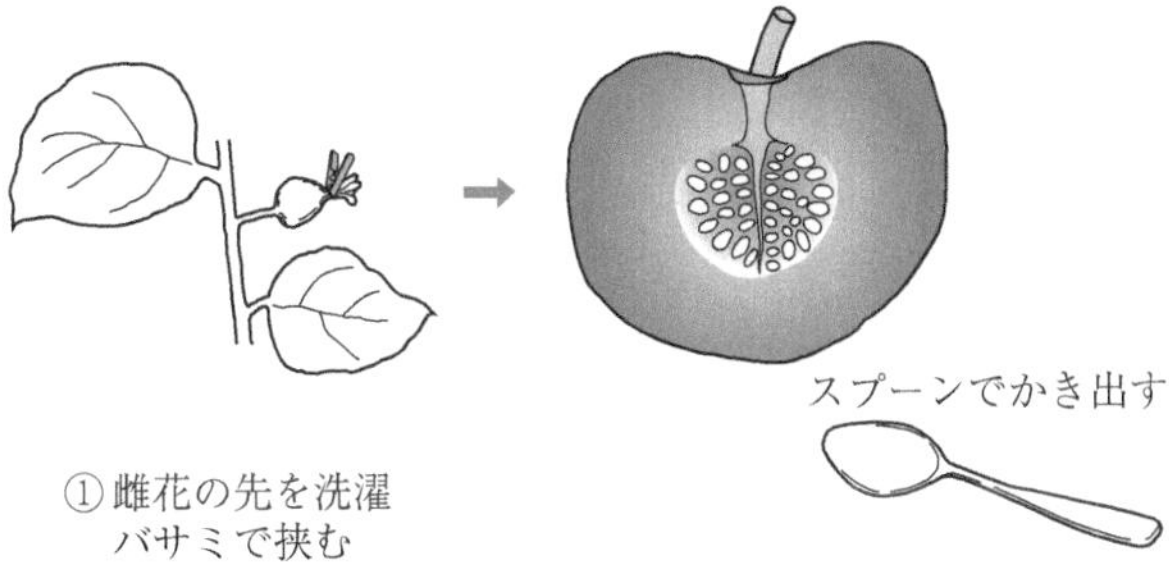
④縦に切り種子をスプーンでかき出し、水でよく洗う

図8－11　カボチャの採種

容器に乾燥剤を入れて冷暗所に保存します。上手に保存すると、2〜3年間は種子の寿命があります（図8－12）。

④逆さに吊るす

図8－12　カキナの採種

ニラの採種

ニラは受粉しなくとも種子のできる性質（アポミクシス）であるため、クローン植物と同じように、親と同じ形質を持った種子が得られます。

ニラは冬と夏を越さないと開花しませんので、通常の3月播種、6月定植は開花しません。そこで、採種するニラは9月中旬〜10月上旬に播種し、4月中下旬に定植します。こうすると、9月上旬には開花します。なお、ニラは多年草であるため、古い株は毎年開花します。①開花後、穂が白くなったら、穂を切り取って収穫し、2週間乾燥させます。②十分乾燥したら、種子を採り、ゴミを取り除いて、密封した容器に乾燥剤を入れて冷暗所に保存します。上手に保存すると、2〜3年間は種子の寿命があります。

終章

未来への展望

地産・地消

地産・地消はフードマイレージの減少や物質循環などによる環境負荷の低減、自給率の向上による地域文化の継承や経済の発展、国際競争力の増強、食糧の安全保障等などに貢献することが論じられています。しかし、地産・地消の意味はこれだけなのでしょうか?

最近、食べ物は安全・安心に、おいしいが加わってきました。おいしいとは感覚的なもので、人はどのような食べ物においしいと感じるのでしょうか? アンケート調査によると「食べなれた食材」「昔食べた懐かしい味」においしさを感じるといいます。

今、都会に住む人々には故郷がなくなりつつあり、懐かしい味も感じられなくなってきました。人間は居住する地域の気候などの環境条件や食べ物に順応し、背丈や腸の長さなどの形質を変化させて適応してきました。世界各地で生産される食料を食べている現代人は、もうすでに世界各地の食料へ順応を始めているのかもしれません。もし、身体が世界中の食料に適応した後で、食料が手に入らなくなった場合、健康はどうなるのでしょうか。

国内産飼料と輸入飼料を食べさせた家畜の研究では、国内産飼料を食べた家畜は疾病にも強く、健康に勝るとの研究結果があります。地域の食材を食べる優位性・有効性については、健康面から科学的には解明されていませんが、人類は経験的に「身土不二」の思想、「四里四方の食べ物」「水あたり」などの言い伝えで理解しているはずです。今一度、地産・地消の意味を健康面から考えてみたいと思います。

継続するための家庭菜園

家庭菜園は多くの人々に楽しまれるようになってきました。しかし、畑がない、土が手に入らないなどの理由でなかなか実施できない人も多いと思います。その場合は、鉢やプランターでもまず野菜を栽培してみることです。もし、それも不可能なら、調理した残りのダイコンやニンジンの頭を皿の上で育ててみるなど、実践することが重要と思われます。

次いで、自分で育てた野菜と市販の野菜を食べ較べてみます。きっと、自分で育てた野菜はおいしいと思います。畑を手に入れることができたら、きっと家族では消費できない量の野菜を生産できると思います。その時は近所に分けましょう。これまでお付き合いのなかった人ともコミュニケーションが図れるようになります。

収穫が遅れた野菜はそのまま畑に放置します。やがて野菜は花を咲かせ実を結びます。そうしたら、種子を採りましょう。その地域（自分の畑）に適応した世界に一つの、自分だけの品種が出来上がります。

ところで、家庭菜園を始めたばかりの人は毎日のように畑に通い「畑を耕す、苗を植える、種子をまく、発芽を観察する、間引く、肥料を与える、誘引する、草を取る、収穫する、調理する」などすべての作業を楽しむことと思います。しかし、楽しいはずの作業にも飽き、畑へ足を運ぶ回数も少なくなり、やがて、最初は上手にできた野菜類も虫に食べられ、病気に冒され、草ボウボウとなり、見るも無残な状態へ変貌する菜園も少なくないと思います。

これはもったいないことです。そこで、家庭菜園を長続きさせるための方法を考えてみましょう。

①菜園は自宅から近い場所や通勤、買い物など生活の活動範囲内に設置する。
②最初から欲張らず、少ない面積と少品目から始める。
③一人では行わず、家族や菜園の友達に手伝っていただく。
④栽培した野菜の種類と品種、播種・定植・開花・収穫などの時期を記録する。
⑤菜園に発生あるいは訪れる生き物を調べる。
⑥菜園の野菜で調理を楽しむ。
⑦病害虫や雑草は発生するのが当たり前なので敵としない。
⑧種子を採る。
⑨新しい野菜作りに挑戦する。
⑩各種の菜園セミナーに参加する。

簡単にまとめると、気負わず、楽しむ方法を見つけ出すことにあると思います。野菜を栽培する土、そこに生えてくる草、野菜を食べる虫、その虫を餌にする天敵、これらはすべて生き物です。人が食べる野菜を大切にすることは、野菜を取りまく生き物たちも大切にすることです。野菜を作ることによって生命の大切さが感じられたら幸いです。

岡徹・有江力・木嶋利男（2008)、トマトにおいて生育促進効果と青枯病防除効果を有する内生細菌の単離、土と微生物、62巻（1)：33－41
41. 西尾道徳（1989)、土壌微生物の基礎知識、農山漁村文化協会
42. 根本久（1995)、天敵利用と害虫管理、農山漁村文化協会
43. 小川眞（1987)、作物と土をつなぐ共生微生物—菌根の生態学、農山漁村文化協会
44. 小川奎・駒田旦（1984)、非病原性 Fusarium oxysporum によるサツマイモつる割病の生物防除、日植病報、50：1－9
45. 小川奎・駒田旦（1984)、非病原性 Fusarium oxysporum によるサツマイモつる割病に対する全身的な抵抗性の誘導、日植病報、50：15－21
46. 小川奎（1988)、サツマイモつる割病に関する研究、農研センター研報、1－127
47. 岡田茂吉論文集選書（1982)、神示の健康、エムオーエー商事
48. 酒井馨（1961)、輪作・間作・混作・交互作—畑地の高度利用の実際、図解農業研究会
49. 露木裕喜夫（1982)、自然に聴く—生命を守る根元的智慧、露木裕喜夫遺稿集刊行会
50. 竹原利明（2008)、生物的土壌消毒による土壌病害の防除、日植病　第24回土壌伝染病談話会講演要旨、70－81
51. Tsuchida, T., Koga, R., Shibao, H., Matsumoto, T. and Fukatsu, T. (2002), Diversity and geographic distribution of secondary endosymbiotic bacteria in population of the pea aphid, Acyrthosiphon pisum. Mol. Ecol. 11：2123-2135
52. 土田努・古賀龍一・松山茂・深津武馬（2007)、共生細菌が昆虫の植物適応を変える—宿主生態に与える影響からその生理機構まで、日植病　第24回植物細菌病談話会論文集 75－84

分離された細菌又は糸状菌を用いたサツマイモつる割病の防除、関東病虫研報、38：33－34

28. 木嶋利男・有江力・木村栄・峯岸長利・手塚紳浩・橋田弘一・福田充（1988)、拮抗微生物の利用に関する研究、栃木農試研報、35巻：95－128

29. 木嶋利男（1990)、拮抗微生物とこれを接種した作物の混植による土壌病害の生物防除、防菌防黴、18巻：21－30

30. 木嶋利男・天谷正行・郷間秀夫・米内貞夫・大橋一夫・生井潔・須永哲央・小栗尚子・橋田弘一・熊田鉄丈・小林光子（1995)、組織内共生微生物を用いた生育及び病害の制御、栃木農試研報、43巻：47－86

31. 木嶋利男・生井潔・郷間秀夫（1998)、微生物を利用した土壌病害防除、土と微生物、52巻：65－71

32. 小木曾秀紀（2007)、シュードモナス・フルオレッセンス水和剤（ベジキーパー水和剤）の開発と利用技術、バイオコントロール研究会レポート、10号：39－47

33. 小林紀彦（1988)、VA菌根菌と病害防除への利用、植物防疫、42：259－265

34. 松崎敏英（1992)、土と堆肥と有機物、家の光協会

35. Mayton, H. S., Olivier, C., Vaughn, S. F. and Loria, R. (1996), Correlation of fungicidal activity of Brassica species with allylisothiocyanate production in macerated leaf tissue. Phytopathology. 86：267-271

36. マーレーン・マライス、ヴィレム・ラーフェンスベルグ著、和田哲夫ほか訳（1995)、天敵利用の基礎知識、農山漁村文化協会.

37. 仲下英雄・河合妙保・佐藤達雄・安田美智子・草島美幸（2007)、熱ショック処理が植物に誘導する病害抵抗性の分子機構の解明、閑居化学総合研究所年報26巻：55－63

38. 生井兵治（1992)、植物の性の営みを探る、養賢堂

39. 生井兵治（2007)、有機農業のための作物育種、有機農業研究年報、7巻：66－86

40. 奈良吉主・加藤孝太郎・河原崎秀志・田渕浩康・後藤正夫・寺

15. 百町満朗（2003）、拮抗微生物による作物病害の生物防除—わが国における研究事例・実用化事例、クミアイ化学工業株式会社
16. 片野学編（1987）、自然農法稲作研究　第1集、九州東海大学農学部作物学研究室出版友の会（日本農業新聞）
17. 川口由一（1990）、妙なる畑に立ちて、野草社
18. Keel, C., D. M. Weller, A. Natsch, G. Defago, R. J. Cook, and L. S. Thomashow（1996）, Conservation of the 2, 4-Diacetylphloroglucinol Biosynthesis Locus among Fluorescent Pseudomonas Strains. Appl. Environ. Microbiol. 62：552-563
19. 木嶋利男（1992）、拮抗微生物による病害防除、農山漁村文化協会
20. 木嶋利男（2006）、コンパニオンプランツ—農薬に頼らない家庭菜園、家の光協会
21. 木嶋利男（2008）、プロに教わる家庭菜園の裏ワザ、家の光協会
22. 木嶋利男（1987）、拮抗微生物を接種したネギ属植物の混植による土壌病害の防除、日植病　第14回細菌病談話会講演要旨、32-39
23. 木嶋利男（1988）、混植による土壌病害防除、化学と生物26：284-286
24. 木嶋利男（1992）、胚軸切断接種法によって組織内に定着させた細菌による土壌病害の生物防除、日植病　第16回土壌伝染病談話会講演要旨、81-88
25. Kijima, T., Gouma, H. and Amagai, M.（1993）, Biological control of soil-borne diseases and plant, growth promoting by bacteria association into interior tissues by means hypocothyl cutting inoculation. 6th. International Congress of Plant Pathology, 268
26. Kijima, T.（1994）, Biological control of soil-borne diseases by mixed-cropping crops inoculated with antifungal microorganisms. 7th International Congress of Society for the Advancement of Breeding Researches in Asia and Oceania, 825-828
27. 木嶋利男・熊田欽丈（1991）、サツマイモの無病徴組織内から

参考・引用文献

１．アルバート・ハワード著、横井利直・江川友治・蜷木翠・松崎敏英訳（1987）、ハワードの有機農業（上）、農山漁村文化協会
２．アルバート・ハワード著、横井利直・江川友治・蜷木翠・松崎敏英訳（1987）、ハワードの有機農業（下）、農山漁村文化協会
３．相野公孝（2007）、内生細菌利用の最前線、バイオコントロール研究会レポート 10 号：92－100
４．有江力（2006）、微生物農薬による病害防除の現状と今後の展望、今月の農薬、50 巻 11 号：20－24
５．有江力（2007）、植物の誘導全身抵抗性、ブレインテクノニュース、121 号：10－13
６．Baker, K. F., and R. J. Cook (1974), Biological control of plant pathogens, W. H. Freeman and Co., San Francisco.
７．D. L. Karlen, G. E. Varvel, D. G. Bullock, and R. M. Cruse (1994), Crop Rotation for the 21st. Century, Advances in Agronomy, 51：34-78.
８．Elroy L. Rice 著、八巻敏雄・安田環・藤井義晴訳（1991）、アレロパシー、学会出版センター
９．藤井義晴（2003）、ヘアリーベッチの他感作用と農業への利用および作用成分シアナミドの発見、農業および園芸、65：14－22.
10. 藤井義晴（2005）、ソバ属植物のアレロパシーとソバを利用した植生管理、農業技術、60 巻（1）：63－68
11. Furusawa, M. and Doi, H. (1992), Promotion of evolution：disparity in the frequency of strand-specific misreading between the lagging and leading DNA strands enhances disproportionate accumulation of mutations. J. Theor Biol. 157 (1) 127-133
12. 古澤満・土井洋文（1993）、進化の不均衡説　進化の時間は短縮できるか？, Biomedica. 8 (13)：74-78
13. 古澤満・土井洋文（1994）、DNA 突然変異の非対称性の研究と応用、Bio Industry, 11 (9)：533-541
14. 福岡正信（2004）、自然農法　わら一本の革命、春秋社

リゾクトニア病　136
立体構造　65, 204
緑肥　95, 111
輪作　116, 141, 147
リン酸　23, 39, 69, 71, 75
ルッコラ　18, 160, 206, 209
冷蔵庫　224
レーキ　67, 205
礫　67
レタス　49, 129, 143, 157, 187, 193
連作　114
ロータリー耕　67
ロープ　113

〈わ行〉

ワサビ　123
ワタ　117
ワムシ　90
ワラ　213
ワラジムシ　90
ワラビ　55

水を好む野菜 208
ミツバ 49, 197, 207, 208, 209
未発酵 79
ミブナ 41
実物 209
実物野菜 48, 49
ミヤマイラクサ 55
ミョウガ 197, 208, 225
ムカデ類 90
ムギ 79
無機栄養 34
無機肥料 69
無機物 23
麦類 148, 150
ムギワラ 82
明渠 68, 78, 205
メロン 77, 78, 116, 119, 123, 147, 154, 164, 167, 187, 195, 208, 220, 226
モーウィ 40
木材チップ 82
木酢液 23
モグラ 90, 112, 161
元肥 77, 211
モミガラ 82
モミジガサ 55
モモ 222
モロヘイヤ 18, 224, 225
モンシロチョウ 129, 157

〈や行〉

ヤスデ 102
ヤスデ類 90
ヤブカンゾウ 55
ヤマイモ 79, 197
誘因 100
誘引 221
ユウガオ 38, 41, 115, 143, 147, 151, 187
有機栄養 34
有機質資材 71
有機質肥料 23, 72, 75, 210
有機農業推進法 37
有機農法 34
有機物 70, 71, 79
ユリ科 46, 48
葉菜類 18, 167
養分 23
ヨトウガ 157
ヨトウムシ 102, 157
4年輪作 117
ヨモギ 104, 150

〈ら行〉

ライムギ 95
ラッカセイ 49, 116, 122, 143, 147, 159, 208
ラッキョウ 79
ラベンダー 209
ラン菌 84
リーチング 82
リービッヒ 34
陸生ヒル類 90
陸稲 147
リグナーゼ 125
リグニン 82
リサージェンス 103
リゾクトニア菌 125

ピロールニトルリン　108, 152
品種　38
ファイトフィトラ菌　125
VA菌根菌　83
フェザーミール　75
深根　116
フキ　49, 54, 55
福岡正信　31, 32
覆土　79
不耕起　71
フザリウム菌　125
フザリウム病　136
フザリウム・ラゲナリア　152
腐植　70, 74, 79
腐性生活菌　107
縁取り作物　141
物質循環　95
ブドウ　150
踏み込み温床　93
冬草　134
プラウ耕　67
プラスモデフォーラ　127
プラム　154
フランキュア　86, 87
プランター　67
プリンスメロン　187
ブロッコリー　52, 121, 143, 157, 187, 196, 218, 225
分解　71
分解菌　81, 82
分解微生物　82
ヘアリーベッチ　95, 132
ペクチン　82
ヘチマ　40, 187
ペチュニア　209
ベニバナ　187
ヘビ　90
放線菌　213
放線菌類　82
ホウレンソウ　18, 24, 52, 74, 75, 76, 79, 98, 116, 154, 167, 187, 206, 208, 218, 225
ボカシ肥料　76
穂木　119
保湿　225
保存　222
ボタンボウフウ　40
堀川ゴボウ　41
本田　65
本畑　65, 205
本圃　91

〈ま行〉

マグネシウム　23, 39, 69, 75
マクワウリ　187, 208
マスクメロン　187
間引き　219
マメ科　46, 49, 116, 143, 159, 187
豆類　79, 214
マリーゴールド　122, 150, 210
マルチ　131
万願寺トウガラシ　41
マングローブ　58
ミカン　150
未熟　73, 79
ミズナ　134, 208, 225
水はけ　66

ノーフォーク輪作 117

〈は行〉

バーク 67, 82, 88
バーティシリウム 108
ハーバースピリラム 86
ハーブ類 18
パイオニアプランツ 88
廃菌床 82, 125, 213
胚軸切断挿し木法 184
胚軸切断接種法 129
胚軸切断法 185
排水路 68
排泄 82
ハクサイ 18, 46, 57, 72, 121, 147, 157, 187, 218, 223, 226
白色腐敗 83
バクテロイド 86
バシラシン 108
バジル 18
パセリ 49, 207, 209
鉢 67
発酵 71, 79
ハッショウマメ 156, 159
発病衰退現象 114
発病抑止型土壌 115
花ラッキョウ 167
バニラ 154
ハネカクシ 210
ハネカクシ類 104
葉ネギ 154
パプリカ 195
ハマボウフウ 55
葉物 208
葉物野菜 48, 49
春耕起 70
ハロー耕 67
ハワード 35
バンカープランツ 49, 104, 141, 148
半枯病 154
播種床 91
ビート 79, 148
ヒートショック 190
ピーマン 18, 48, 53, 119, 143, 159, 187, 195, 206, 217, 221, 225
ピーマンの採種 232
光 226
光の好み 208
光要求性 198
ヒガンバナ 161
ピシウム菌 125
微生物農薬 127
非病原性フザリウム 109
ヒマワリ 104, 150, 210
ヒメカメムシ 210
ヒメハナカメムシ類 104
ヒメミミズ 90
ビャクシン 27
病害虫 27, 43, 100
病原菌 81, 100, 107
表面施用 72
ヒラタアブ 210
ヒラタアブ類 104
肥料 23
肥料成分 74
微量要素 39, 69, 74

トマト　18, 48, 74, 77, 78, 97, 115, 116, 119, 129, 140, 143, 154, 159, 187, 191, 193, 206, 209, 215, 217, 220, 221, 226
トマトの採種　230
トマトの連続摘心　191
トリコデルマ　108
トリコデルマ菌　126

〈な行〉

ナーベーラー　40
内生菌　109
内生菌根菌　84
苗　216
苗七分作　59
苗作り　38
苗床　91
長ネギ　140, 143, 150, 151, 154, 208, 220, 226
長ネギの採種　236
ナギナタガヤ　150
ナシ　27, 222
ナス　18, 48, 53, 74, 76, 78, 100, 115, 119, 129, 147, 154, 159, 187, 196, 198, 208, 209, 215, 217, 220, 225
ナス科　46, 48, 119, 143, 159, 187
ナズナ　27
ナスの採種　233
菜種油粕　75
夏草　134
夏野菜　217
菜の花　209
ナバナ　173
ナバナの若採り　173
生草　82
生野菜　26
ナメクジ類　90
ナメラカ層　67, 204
軟腐敗　82
難分解性腐植　70
ニガウリ　18, 40, 187
日本農林規格　37
日本有機農業研究会　32, 37
ニラ　48, 77, 140, 143, 150, 154
ニラの採種　240
ニンジン　18, 49, 115, 116, 187, 196, 206, 209, 219, 225
ニンジンの採種　235
ニンニク　223, 225, 226
ネギ　18, 38, 48, 76, 79, 116, 198, 206
ネギ属　79, 143, 156
ネグサレセンチュウ　122
ネコブセンチュウ　122
根こぶ病　27, 120, 126, 130, 188
ネズミ　112, 161
ネズミ類　90
ネット　113
根の深さ　208
根物　208
粘土鉱物　70, 74
農機具　20
農業基本法　38
農法　30
農薬　22
農薬登録　23

単子葉野菜　79, 116
単子葉野菜類　77
炭疽病　43, 100, 129, 136, 170
タンターゼ　125
タンニン　82
タンパク質　70
地域　79
地産・地消　242
地上部病害　107
地中海型野菜　52
窒素　23, 39, 69, 71, 75
窒素飢餓現象　72
窒素固定菌　86
窒素固定能力　116
チャービル　160
茶ガラ　82
中間宿主　27
地力　69, 74
地力窒素　39, 70
追肥　77, 211
接ぎ木　118
土作り　64, 91, 204
土寄せ　220
ツツジ菌　84
露木裕喜夫　32
つる割病　129, 154, 189
抵抗性品種　136
抵抗性誘導　109
定植　216
定番野菜　18
テーア　34
テープ　20
適温　39
適期栽培　56
適期・適地作　31
摘心　221
デジィーズ・デクライン　114
鉄　69
デルフィニウム　187
電気柵　113
伝承農法　38
テントウムシ　102, 210
テントウムシ類　104, 150
伝統野菜　38
銅　69
トウガラシ　187
動植物質資材　23
糖タンパク　70
トウモロコシ　18, 53, 116, 117, 156, 160, 198, 208, 209, 227
糖類　70, 82
トカゲ　90
独立栄養　60
ど根性キャベツ　177
土壌温度　39
土壌改良資材　213
土壌構造　65, 204
土壌浸食　68
土壌診断　96
土壌断面構造　96
土壌伝染　107
土壌動物　90
土壌の化学性　74
土壌微生物　80
土壌病害　107
土着天敵　103
徒長枝　222
トビムシ類　90

セリ 49
セリ科 46, 49
セルラーゼ 125
セルリー 49
セルロース 82, 125, 213
センチュウ 107, 122, 123
センチュウ類 90
剪定 222
千成瓢簞 41
ゼンマイ 55
素因 100
双子葉雑草 71, 97
双子葉野菜 79, 116
双子葉野菜類 77
叢生 97
叢生栽培 111
造成田 65
造成畑 65, 205
組織内共生菌 87
組織内共生微生物 129
ソバ 187
ソバガラ 123, 133
ソラマメ 42
ソルゴー 104, 122, 150, 210

〈た行〉

第1次分解 82
耐陰性 197
台木 119
対抗植物 122
ダイコン 18, 46, 52, 58, 115, 121, 147, 196, 209, 214, 219, 225
ダイコンの採種 234
第3次分解 83
ダイズ 18, 40, 42, 58, 98, 116, 148, 159, 187, 209, 214, 219
大豆油粕 75
第2次分解 82
堆肥 70, 83
耐病・耐虫性品種 136
高畝 78
タカラダニ類 104
他感作用 41
タケノコ 227
多孔質 85
他殖性 228
ただの草 111
ただの虫 102
立枯病 125
ダニ 104
タヌキマメ 122
タネツケバナ 27
タバコ 117
多犯性菌 107
多肥 43, 79
多品目栽培 206
タマネギ 18, 48, 52, 77, 160, 180, 207, 223, 225, 226
タマネギの採種 236
タマネギの密植 180
タマバエ 210
タマバエ類 104
タラノキ 55
タラボウ 55
ダンゴムシ 90, 102
担子菌類 82
単子葉雑草 71, 97

支柱　20
湿潤熱帯型野菜　53
シデロフォア　108
シドキ　55
子のう菌類　82
島ニンジン　41
島野菜　38
島ラッキョウ　41, 167
ジャガイモ　18, 40, 48, 78, 79, 115, 147, 163, 174, 199, 207, 208, 220, 223, 225, 226
ジャガイモの逆さ植え　174
遮光　226
主因　100
雌雄異花　46
収穫残渣　71, 82
従属栄養　59
集団播種　214
シュードモナス・グラジオリー　152
シュードモナス属細菌　109
シュードモナス・フローレッセンス　89, 114
宿主特異菌　107
宿主特異性　86
種子　42
種子伝染性病害　107
シュタイナー　36
旬　55
シュンギク　79, 143, 148, 157, 225
ショウガ　197, 208, 224, 225
聖護院ダイコン　41
硝酸塩　24
上層土　65
条播播種　215
少肥　43
障壁作物　141, 209
食物連鎖　102
食料植物　110
除草　33
シロウリ　187
シロキ　55
シロツメクサ　150, 162
深耕　78
浸出　82
深層施用　74
心土　65
スイートバジル　50
スイカ　48, 53, 59, 76, 78, 115, 116, 119, 143, 147, 154, 164, 187, 208, 215, 221, 226
スイセン　161
水相　64
水稲　148
水分管理　78
鋤　67, 205
スズメノカタビラ　134
スズメノテッポウ　134
すそ枯病　129
ストック　187
ストレス　183
スベリヒユ　134
炭　85, 214
生産資材　20
生殖生長　166
生物指標　38, 40
生物農薬　127

ゴーヤー 18, 40, 154, 225
穀物 82
コシアブラ 55
コスモス 104, 150, 209, 210
固相 64
小玉ラッキョウ 167
固定種 201
コナガ 157
ゴボウ 49, 78, 116, 197, 225
ゴマ 164
コマツナ 18, 46, 52, 75, 77, 79, 97, 98, 134, 167, 206, 208, 219, 225
コムギ 27, 117, 147
コメヌカ 23, 75, 123
コロコロ層 67, 204
ゴロゴロ層 67, 204
根圏微生物 88, 109
混植 140, 143
昆虫腸内共生菌 88
昆虫を集める草花 209
コンニャク 79
コンパニオンプランツ 140
根粒菌 86, 159

〈さ行〉

細菌 107
細菌類 82
採種 18, 228
最小律 35, 117
栽培方法 38
作土 65
サクナ 40
ササゲ 117
ササラダニ類 90
雑草 41, 71, 95, 111, 133
雑草管理 38
サツマイモ 18, 53, 78, 79, 98, 129, 147, 160, 178, 184, 208, 223, 225, 226
サトイモ 18, 53, 78, 79, 147, 208, 220, 223, 225
サトイモ科 129
サニーレタス 158
サル 113
サルビア 157
サンゴ 126
山菜 55
サンショウウオ 90
酸素 77
三大要素 39
サンチュ 49, 158
3年輪作 117
シカ 112
自活型センチュウ 124
敷き草 196
敷き料 78, 196
敷きワラ 20, 196
シクラメン 129, 184
鹿ヶ谷カボチャ 41
シシトウ 18, 187
糸状菌 107
自殖性 48, 228
自然指標 38
自然農法 31
自然農薬 127
シソ 50, 225
シソ科 46, 49

川口由一　31, 33
間作　141, 147
完熟　73, 79
灌水　220
完全寄生菌　107
乾燥　226
カンゾウ　41
乾燥熱帯型野菜　53
漢方薬　23
キク科　46, 49, 143, 157
寄生　108
気相　64
キチナーゼ　125
キチナーゼ酵素　213
キチン　82, 213
拮抗菌　107, 108
拮抗微生物　107, 108
ギニアグラス　122
キノコ類　84
忌避植物　141
ギボシ　55
キャベツ　18, 46, 52, 57, 72, 79, 97, 98, 115, 116, 121, 123, 143, 147, 157, 160, 163, 177, 187, 196, 218
吸肥力　116
キュウリ　18, 24, 48, 53, 75, 77, 78, 115, 116, 119, 123, 143, 150, 154, 162, 164, 187, 195, 206, 208, 209, 220, 221, 225
キュウリの採種　237
共栄作物　112
共栄植物　112, 140
強害雑草　111
競合　108
共生菌　81
京野菜　38
極相　111, 140
切り返し　76
菌寄生菌　108
菌根菌　83, 109, 159
近代農法　35
空気伝染　107
クサカゲロウ　210
クサカゲロウ類　104, 150
九条ネギ　41
クモ　102, 210
クモ類　90, 104, 150
クライマックス　111
クリムソンクローバー　150, 160
グルコシダーゼ　125
クローバー　95, 117, 143, 147, 162
クロガラシ　123
クロタラリア　160, 210
鍬　20, 67
クワンソウ　41
くん炭　85
傾斜地　205
結果枝　222
原産地　50
原生動物　90
ケンミジンコ類　90
耕耘機　20, 66, 205
耕起　33
耕起方法　66
抗生　108
コーヒー滓　123, 133

畝立て 205
ウリ科 46
ウリ類 59, 79, 119, 129, 143, 162, 164, 187
ウルイ 55
栄養生長 166
栄養素 39
益草 110
益虫 102
エクデュース 82
エダヒゲムシ 90
エビイモ 41
エビスグサ 122
F1品種 200
エルウィニア 109
L-ドーパ 156
エロージョン 68
エンドウ 49, 52
エンバク 95, 104, 117, 147, 150, 210
黄化病 130
大型ミミズ類 90
大玉ラッキョウ 167
オオバコ 150, 162
オオムギ 117, 147
オガクズ 82
岡田茂吉 31
オクラ 78, 187, 206, 208, 221, 224, 225
落ち葉 71, 82
おとり作物 120
おとり野菜 158

〈か行〉

外生菌根菌 84
害虫 102
害虫忌避植物 49
化学肥料 23
化学分析 98
加賀野菜 38
カキナの採種 238
花き類 187
果菜類 18, 167
果樹類 222
下層土 65
カタツムリ類 90
褐色腐敗 82
活性アルミナ 83
活着 19, 216
カニガラ 75, 82, 125, 213
カバープランツ 111
カブ 46, 117, 187, 206
カブリダニ 210
カブリダニ類 104, 150
カボチャ 48, 53, 59, 147, 150, 154, 162, 187, 208, 215, 221, 223, 225, 226
カボチャの採種 238
鎌 20
賀茂ナス 41
からし 123
カラシナ 123
カリウム 23, 39, 69, 71, 75
カリフラワー 225
カルシウム 23, 39, 69, 75
枯れ草 82

さくいん

〈あ行〉

アーティチョーク　49
アイ　187
アイコ　55
亜鉛　69
青枯病　48, 100, 129
アオムシ　102, 157
赤クローバー　150, 160
アカザ　134
赤さび病　27
赤星病　27
アキカラマツ　27
秋耕起　70
秋野菜　218
アゲハチョウ　129
アサツキ　55
浅根　116
アシタバ　49, 55
アズキ　187
アゾスピリラム　86
アゾトバクター　86
アブスキュラー菌根菌　84
アブラナ科　27, 46, 120, 130, 143, 157, 163, 187
アブラバチ　210
アブラバチ類　104
雨除け栽培　193
アミノ酸　70
アリルイソチオシアネート　123
アレロパシー　41, 131, 163
暗渠　66, 204
アンペロマイセス　108, 162
アンモニア　24
硫黄　69
萎黄病　140, 171
育種　228
育苗　18
育苗床　91
育苗土　94
イチゴ　43, 74, 76, 78, 100, 115, 140, 154, 167, 170, 196, 209
イチゴの花芽分化　170
萎ちょう病　125, 129, 140, 154, 189
遺伝子　60
遺伝的多様性　199
イナワラ　82
イネ　43, 130
イノシシ　112
易分解性腐植　70
いもち病　43, 130
インゲンマメ　18, 42, 49, 58, 159, 160, 164, 169, 187, 209, 214, 219, 225
ウイルス　107
魚滓　23, 75
ウド　54, 55
うどんこ病　136, 162
畝　69

N.D.C.626　261p　18cm

ブルーバックス　B-1630

伝承農法《でんしょうのうほう》を活《い》かす家庭菜園《かていさいえん》の科学《かがく》

自然のしくみを利用した栽培術

2009年2月20日　第1刷発行
2024年3月18日　第8刷発行

著者　木嶋利男《きじまとしお》
発行者　森田浩章
発行所　株式会社講談社
〒112-8001 東京都文京区音羽2-12-21
電話　出版　03-5395-3524
販売　03-5395-4415
業務　03-5395-3615
印刷所　（本文表紙印刷）株式会社ＫＰＳプロダクツ
（カバー印刷）信毎書籍印刷株式会社
本文データ制作　講談社デジタル製作
製本所　株式会社ＫＰＳプロダクツ

定価はカバーに表示してあります。

ISBN978−4−06−257630−7

発刊のことば

科学をあなたのポケットに

　二十世紀最大の特色は、それが科学時代であるということです。科学は日に日に進歩を続け、止まるところを知りません。ひと昔前の夢物語もどんどん現実化しており、今やわれわれの生活のすべてが、科学によってゆり動かされているといっても過言ではないでしょう。

　そのような背景を考えれば、学者や学生はもちろん、産業人も、セールスマンも、ジャーナリストも、家庭の主婦も、みんなが科学を知らなければ、時代の流れに逆らうことになるでしょう。

　ブルーバックス発刊の意義と必然性はそこにあります。このシリーズは、読む人に科学的に物を考える習慣と、科学的に物を見る目を養っていただくことを最大の目標にしています。そのためには、単に原理や法則の解説に終始するのではなくて、政治や経済など、社会科学や人文科学にも関連させて、広い視野から問題を追究していきます。科学はむずかしいという先入観を改める表現と構成、それも類書にないブルーバックスの特色であると信じます。

一九六三年九月　　野間省一

ブルーバックス　生物学関係書（Ⅰ）

1073 へんな虫はすごい虫　安富和男
1176 考える血管　児玉龍彦／浜窪隆雄
1341 食べ物としての動物たち　伊藤 宏
1391 ミトコンドリア・ミステリー　林 純一
1410 新しい発生生物学　木下 圭／浅島 誠
1427 筋肉はふしぎ　杉 晴夫
1439 味のなんでも小事典　日本味と匂学会＝編
1472 DNA（上）　ジェームス・D・ワトソン／アンドリュー・ベリー　青木 薫＝訳
1473 DNA（下）　ジェームス・D・ワトソン／アンドリュー・ベリー　青木 薫＝訳
1474 クイズ 植物入門　田中 修
1507 新しい高校生物の教科書　栃内 新／左巻健男＝編著
1528 新・細胞を読む　山科正平
1537 「退化」の進化学　犬塚則久
1538 進化しすぎた脳　池谷裕二
1565 これでナットク！ 植物の謎　日本植物生理学会＝編
1592 発展コラム式 中学理科の教科書 第2分野（生物・地球・宇宙）　石渡正志／滝川洋二＝編
1612 光合成とはなにか　園池公毅
1626 進化から見た病気　栃内 新
1637 分子進化のほぼ中立説　太田朋子
1647 インフルエンザ パンデミック　河岡義裕／堀本研子

1662 老化はなぜ進むのか　近藤祥司
1670 森が消えれば海も死ぬ 第2版　松永勝彦
1681 マンガ 統計学入門　アイリーン・マグネロ＝文　ボリン・V・ルーン＝絵　神永正博＝監訳　井口耕二＝訳
1712 図解 感覚器の進化　岩堀修明
1725 魚の行動習性を利用する釣り入門　川村軍蔵
1727 iPS細胞とはなにか　朝日新聞大阪本社 科学医療グループ
1730 たんぱく質入門　武村政春
1792 二重らせん　ジェームス・D・ワトソン　江上不二夫／中村桂子＝訳
1800 ゲノムが語る生命像　本庶 佑
1801 新しいウイルス入門　武村政春
1821 これでナットク！ 植物の謎Part2　日本植物生理学会＝編
1829 エピゲノムと生命　太田邦史
1842 記憶のしくみ（上）　ラリー・R・スクワイア　エリック・R・カンデル　小西史朗／桐野 豊＝監修
1843 記憶のしくみ（下）　ラリー・R・スクワイア　エリック・R・カンデル　小西史朗／桐野 豊＝監修
1844 死なないやつら　長沼 毅
1849 分子からみた生物進化　宮田 隆
1853 図解 内臓の進化　岩堀修明

ブルーバックス　生物学関係書（II）

1861 発展コラム式　中学理科の教科書　改訂版　生物・地球・宇宙編　石渡正志／滝川洋二＝編
1872 マンガ　生物学に強くなる　堂嶋大輔＝作／渡邊雄一郎＝監修
1874 もの忘れの脳科学　苧阪満里子
1875 カラー図解　アメリカ版　大学生物学の教科書　第4巻　進化生物学　D・サダヴァ他／石崎泰樹／斎藤成也＝監訳
1876 カラー図解　アメリカ版　大学生物学の教科書　第5巻　生態学　D・サダヴァ他／石崎泰樹／斎藤成也＝監訳
1889 社会脳からみた認知症　伊古田俊夫
1898 哺乳類誕生　乳の獲得と進化の謎　酒井仙吉
1902 巨大ウイルスと第4のドメイン　武村政春
1923 コミュ障　動物性を失った人類　正高信男
1929 心臓の力　柿沼由彦
1943 神経とシナプスの科学　杉　晴夫
1944 細胞の中の分子生物学　森　和俊
1945 芸術脳の科学　塚田　稔
1964 脳からみた自閉症　大隅典子
1990 カラー図解　進化の教科書　第1巻　進化の歴史　カール・ジンマー／ダグラス・J・エムレン／更科　功／石川牧子／国友良樹＝訳
1991 カラー図解　進化の教科書　第2巻　進化の理論　カール・ジンマー／ダグラス・J・エムレン／更科　功／石川牧子／国友良樹＝訳
1992 カラー図解　進化の教科書　第3巻　系統樹や生態から見た進化　カール・ジンマー／ダグラス・J・エムレン／更科　功／石川牧子／国友良樹＝訳
2010 生物はウイルスが進化させた　武村政春
2018 カラー図解　古生物たちのふしぎな世界　土屋　健／田中源吾＝協力
2034 DNAの98％は謎　小林武彦
2037 我々はなぜ我々だけなのか　川端裕人／海部陽介＝監修
2070 筋肉は本当にすごい　杉　晴夫
2088 植物たちの戦争　日本植物病理学会＝編著
2095 深海——極限の世界　藤倉克則・木村純一＝編著／海洋研究開発機構＝協力
2099 王家の遺伝子　石浦章一
2103 我々は生命を創れるのか　藤崎慎吾
2106 うんち学入門　増田隆一
2108 DNA鑑定　梅津和夫
2109 免疫の守護者　制御性T細胞とはなにか　坂口志文／塚﨑朝子
2112 カラー図解　人体誕生　山科正平
2119 免疫力を強くする　宮坂昌之
2125 進化のからくり　千葉　聡
2136 生命はデジタルでできている　田口善弘
2146 ゲノム編集とはなにか　山本　卓
2154 細胞とはなんだろう　武村政春

ブルーバックス　生物学関係書（Ⅲ）

2156 新型コロナ　7つの謎　宮坂昌之
2159 「顔」の進化　馬場悠男
2163 カラー図解　アメリカ版　新・大学生物学の教科書　第1巻　細胞生物学　石崎泰樹・中村千春＝監訳　D・サダヴァ他　小松佳代子＝訳
2164 カラー図解　アメリカ版　新・大学生物学の教科書　第2巻　分子遺伝学　石崎泰樹・中村千春＝監訳　D・サダヴァ他　小松佳代子＝訳
2165 カラー図解　アメリカ版　新・大学生物学の教科書　第3巻　分子生物学　石崎泰樹・中村千春＝監訳　D・サダヴァ他　小松佳代子＝訳
2166 寿命遺伝子　森　望
2184 呼吸の科学　石田浩司
2186 図解　人類の進化　斎藤成也＝編・著　海部陽介　米田　穣　隅山健太
2190 生命を守るしくみ　オートファジー　吉森　保
2197 日本人の「遺伝子」からみた　病気になりにくい体質のつくりかた　奥田昌子

ブルーバックス　化学関係書

969 化学反応はなぜおこるか　上野景平
1152 酵素反応のしくみ　藤本大三郎
1188 金属なんでも小事典　増本　健＝監修　ウォーク＝編著
1240 ワインの科学　清水健一
1296 暗記しないで化学入門　平山令明
1334 マンガ　化学式に強くなる　高松正勝＝原作　鈴木みそ＝漫画
1508 新しい高校化学の教科書　左巻健男＝編著
1534 化学ぎらいをなくす本（新装版）　米山正信
1583 熱力学で理解する化学反応のしくみ　平山令明
1591 発展コラム式　中学理科の教科書　第1分野（物理・化学）　滝川洋二＝編
1646 水とはなにか（新装版）　上平　恒
1710 マンガ　おはなし化学史　松本　泉＝原作　佐々木ケン＝漫画
1729 有機化学が好きになる（新装版）　米山正信／安藤　宏
1816 大人のための高校化学復習帳　竹田淳一郎
1849 分子からみた生物進化　宮田　隆
1860 発展コラム式　中学理科の教科書　改訂版　物理・化学編　滝川洋二＝編
1905 あっと驚く科学の数字　数から科学を読む研究会
1922 分子レベルで見た触媒の働き　松本吉泰
1940 すごいぞ！　身のまわりの表面科学　日本表面科学会

1956 コーヒーの科学　旦部幸博
1957 日本海　その深層で起こっていること　蒲生俊敬
1980 夢の新エネルギー「人工光合成」とは何か　光化学協会＝編　井上晴夫＝監修
2020 「香り」の科学　平山令明
2028 元素118の新知識　桜井　弘＝編
2080 すごい分子　佐藤健太郎
2090 はじめての量子化学　平山令明
2097 地球をめぐる不都合な物質　日本環境化学会＝編著
2185 暗記しないで化学入門　新訂版　平山令明

ブルーバックス12㎝CD-ROM付

BC07 ChemSketchで書く簡単化学レポート　平山令明

35 計画の科学　加藤昭吉
733 紙ヒコーキで知る飛行の原理　小林昭夫
921 自分がわかる心理テスト　芦原 睦／桂 戴作＝監修
1063 自分がわかる心理テストPART2　芦原 睦＝監修
1073 へんな虫はすごい虫　安富和男
1084 図解 わかる電子回路　加藤 肇／見城尚志／高橋 久
1112 頭を鍛えるディベート入門　松本 茂
1234 子どもにウケる科学手品77　後藤道夫
1245 「分かりやすい表現」の技術　藤沢晃治
1273 もっと子どもにウケる科学手品77　後藤道夫
1284 理系志望のための高校生活ガイド　鍵本 聡
1307 理系の女の生き方ガイド　宇野賀津子／坂東昌子
1346 図解 ヘリコプター　鈴木英夫
1352 確率・統計であばくギャンブルのからくり　谷岡一郎
1353 算数パズル「出しっこ問題」傑作選　仲田紀夫
1364 理系のための英語論文執筆ガイド　原田豊太郎
1366 数学版 これを英語で言えますか?　保江邦夫　E・ネルソン＝監修
1368 論理パズル「出しっこ問題」傑作選　小野田博一
1387 「分かりやすい説明」の技術　藤沢晃治
1396 制御工学の考え方　木村英紀
1413 『ネイチャー』を英語で読みこなす　竹内 薫
1420 理系のための英語便利帳　倉島保美／榎本智子　黒木 博＝絵
1443 「分かりやすい文章」の技術　藤沢晃治
1478 「分かりやすい話し方」の技術　吉田たかよし
1493 計算力を強くする　鍵本 聡
1516 競走馬の科学　JRA競走馬総合研究所＝編
1520 図解 鉄道の科学　宮本昌幸
1536 計算力を強くするpart2　鍵本 聡
1552 「計画力」を強くする　加藤昭吉
1553 図解 つくる電子回路　加藤ただし
1573 手作りラジオ工作入門　西田和明
1596 理系のための人生設計ガイド　坪田一男
1623 「分かりやすい教え方」の技術　藤沢晃治
1629 計算力を強くする 完全ドリル　鍵本 聡
1630 伝承農法を活かす家庭菜園の科学　木嶋利男
1653 理系のための英語「キー構文」46　原田豊太郎
1660 図解 電車のメカニズム　宮本昌幸＝編著
1666 理系のための「即効!」卒業論文術　中田 亨
1671 理系のための研究生活ガイド 第2版　坪田一男
1676 図解 橋の科学　土木学会関西支部＝編　田中輝彦／渡邊英一 他
1688 武術「奥義」の科学　吉福康郎
1695 ジムに通う前に読む本　桜井静香

1696 ジェット・エンジンの仕組み　吉中 司
1707 「交渉力」を強くする　藤沢晃治
1725 魚の行動習性を利用する釣り入門　川村軍蔵
1773 「判断力」を強くする　藤沢晃治
1783 知識ゼロからのExcelビジネスデータ分析入門　住中光夫
1791 卒論執筆のためのWord活用術　田中幸夫
1793 論理が伝わる　世界標準の「書く技術」　倉島保美
1796 「魅せる声」のつくり方　篠原さなえ
1813 研究発表のためのスライドデザイン　宮野公樹
1817 東京鉄道遺産　小野田 滋
1847 論理が伝わる　世界標準の「プレゼン術」　倉島保美
1864 科学検定公式問題集　5・6級　桑子 研／竹田淳一郎　竹内 薫＝監修
1868 基準値のからくり　村上道夫／永井孝志／小野恭子／岸本充生
1877 山に登る前に読む本　能勢 博
1882 「ネイティブ発音」科学的上達法　藤田佳信
1895 「育つ土」を作る家庭菜園の科学　木嶋利男
1900 科学検定公式問題集　3・4級　桑子 研／竹田淳一郎　竹内 薫＝監修
1910 研究を深める5つの問い　宮野公樹
1914 論理が伝わる　世界標準の「議論の技術」　倉島保美
1915 理系のための英語最重要「キー動詞」43　原田豊太郎
1919 「説得力」を強くする　藤沢晃治
1926 SNSって面白いの？　草野真一
1934 世界で生きぬく理系のための英文メール術　吉形一樹
1938 門田先生の3Dプリンタ入門　門田和雄
1947 50ヵ国語習得法　新名美次
1948 すごい家電　西田宗千佳
1951 研究者としてうまくやっていくには　長谷川修司
1958 理系のための法律入門　第2版　井野邊 陽
1959 図解　燃料電池自動車のメカニズム　川辺謙一
1965 理系のための論理が伝わる文章術　成清弘和
1966 サッカー上達の科学　村松尚登
1967 世の中の真実がわかる「確率」入門　小林道正
1976 不妊治療を考えたら読む本　浅田義正／河合 蘭
1987 怖いくらい通じるカタカナ英語の法則　ネット対応版　池谷裕二
1999 カラー図解　Excel「超」効率化マニュアル　立山秀利
2005 ランニングをする前に読む本　田中宏暁
2020 「香り」の科学　平山令明
2038 城の科学　萩原さちこ
2042 日本人のための声がよくなる「舌力」のつくり方　篠原さなえ
2055 理系のための「実戦英語力」習得法　志村史夫
2056 新しい1キログラムの測り方　臼田 孝
2060 音律と音階の科学　新装版　小方 厚

ブルーバックス　趣味・実用関係書(Ⅲ)

2064 心理学者が教える　読ませる技術　聞かせる技術　海保博之
2089 世界標準のスイングが身につく科学的ゴルフ上達法　板橋　繁
2111 作曲の科学　フランソワ・デュボワ　井上喜惟＝監修　木村　彩＝訳
2113 ウォーキングの科学　能勢　博
2118 道具としての微分方程式　偏微分編　斎藤恭一
2120 子どもにウケる科学手品　ベスト版　後藤道夫
2131 世界標準のスイングが身につく科学的ゴルフ上達法　実践編　板橋　繁
2135 アスリートの科学　久木留　毅
2138 理系の文章術　更科　功
2149 日本史サイエンス　播田安弘
2151 「意思決定」の科学　川越敏司
2158 科学とはなにか　佐倉　統
2170 理系女性の人生設計ガイド　大隅典子　大島まり　山本佳世子

ブルーバックス12cmCD-ROM付

BC07 ChemSketchで書く簡単化学レポート　平山令明

ブルーバックス　食品科学関係書

1231 「食べもの情報」ウソ・ホント　髙橋久仁子
1240 ワインの科学　清水健一
1341 食べ物としての動物たち　伊藤　宏
1418 「食べもの神話」の落とし穴　髙橋久仁子
1435 アミノ酸の科学　櫻庭雅文
1439 味のなんでも小事典　日本味と匂学会＝編
1614 料理のなんでも小事典　日本調理科学会＝編
1807 ジムに通う人の栄養学　岡村浩嗣
1814 牛乳とタマゴの科学　酒井仙吉
1869 おいしい穀物の科学　井上直人
1935 日本酒の科学　和田美代子　髙橋俊成＝監修
1956 コーヒーの科学　旦部幸博
1972 「健康食品」ウソ・ホント　髙橋久仁子
1993 チーズの科学　齋藤忠夫
1996 体の中の異物「毒」の科学　小城勝相
2016 お茶の科学　大森正司
2044 日本の伝統　発酵の科学　中島春紫
2047 最新ウイスキーの科学　古賀邦正
2051 「おいしさ」の科学　佐藤成美
2058 パンの科学　吉野精一
2063 カラー版　ビールの科学　渡　淳二＝編者
2105 麺の科学　山田昌治
2173 食べる時間でこんなに変わる　時間栄養学入門　柴田重信
2191 焼酎の科学　鮫島吉廣／髙峯和則